Encyclopédies
et dictionnaires

ALAIN REY

121

DU MÊME AUTEUR

CHEZ LE MÊME ÉDITEUR

La terminologie, noms et notions, 1979, « Que sais-je ? », n° 1780.

CHEZ D'AUTRES ÉDITEURS

Littré, l'humaniste et les mots, Gallimard, 1970, coll. « Les Essais ».
La lexicologie : lectures, Paris, Klincksieck, 1970.
Théories du signe et du sens, Paris, Klincksieck, t. I, 1973 ; t. II, 1976.
Le lexique : images et modèles, Paris, A. Colin, 1977.
Les spectres de la bande, essai sur la BD, Paris, Ed. de Minuit, 1978, coll. « Critique ».
Antoine Furetière, image de la culture classique, préface au *Dictionnaire universel de* FURETIÈRE, 3 vol., Paris, Le Robert, 1978.

EN COLLABORATION

Avec Sophie CHANTREAU, *Dictionnaire des locutions et expressions*, Le Robert, 1979, coll. « Les Usuels du Robert ».
Avec Daniel COUTY, *Le théâtre*, Bordas, 1979.
Avec Jacques CELLARD, *Dictionnaire du français non conventionnel*, Masson-Hachette, 1980.

COLLABORATION OU DIRECTION RÉDACTIONNELLE

Dictionnaire alphabétique et analogique de la langue française, par Paul ROBERT, *Petit Robert, Micro-Robert, Petit Robert 2, Dictionnaire universel des noms propres*, Paris, Le Robert.

A321926

ISBN 2 13 037447 6

Dépôt légal — 1re édition : 1982, mars

© Presses Universitaires de France, 1982
108, boulevard Saint-Germain, 75006 Paris

INTRODUCTION

« La plus complète des encyclopédies de poche » ne l'était pas tout à fait sans un volume sur le domaine auquel elle appartient, l'encyclopédie. Pour peu que l'on y joigne le dictionnaire, genre qui s'est mêlé à elle dans plusieurs cultures, les dimensions et les aspects de ce domaine sont multiples.

D'abord et à première vue, encyclopédies et dictionnaires forment un secteur important de l'édition, de l'industrie du livre. De ce point de vue les tirages et les chiffres de vente massifs attirent l'attention, mais aussi la critique. Quant à l'aspect sociologique, il est double. Les « livres de référence » dépendent de l'institution culturelle : sans être commandés par elle, comme le sont les manuels et les livres scolaires, ils lui sont indispensables et contribuent à en refléter les attitudes. Cependant, ces ouvrages, dont nul ne met en cause l'utilité, sont surveillés, critiqués, souvent méprisés. Les responsables du domaine culturel auprès de médias, les journalistes par exemple, en ressentent avec un immense public le besoin. Mais il arrive, lorsqu'une actualité généralement commandée par l'économie met ce genre de livres sur le devant de la scène, qu'une hostilité les saisisse. Les textes encyclopédiques sont alors moins visés que leur reproduction et leur diffusion dans des ouvrages soutenus par la publicité. Cependant, la critique journalistique sait poser de vraies questions comme celle de l'utilité sociale des ouvrages de référence, ou du reflet des idéologies qui président à leur élaboration. De leur côté, les écrivains, en général fascinés par le dictionnaire de langue, sont sensibles à la médiocrité esthétique de l'ensemble du genre. Etiemble écrit : « La plupart des encyclopédies, simples fourre-tout, n'ont aucune valeur littéraire ; celle de Diderot exceptée, que nous lisons pour le plaisir... », mais c'est dans une encyclopédie (l'*Universalis*) qu'il l'écrit. D'autres, après Mallarmé, Cocteau ou Ponge, savent voir dans le dictionnaire une « machine à rêver » (Barthes (1)), un piège poétique, sinon un délire culturel.

Sur un terrain plus modestement empirique, le critique cherche à déceler, dans les livres aussi, le fameux « rapport qualité-prix », au moyen de bancs d'essai plus difficiles à mettre au point pour les dictionnaires que pour les voitures ou les conserves. Cette démarche justifiée pose le problème mal résolu de l'appréciation critique de textes très complexes. Selon que cette appréciation porte sur la structure d'ensemble (ce qui est rare) et sur des intentions de programme — la première étant censée refléter les secondes —, sur la valeur d'utilité des informations réunies, sur leur « valeur de vérité », sur leur objectivité, sur l'efficacité didactique de l'ensemble par rapport à un public déterminé, ou encore sur l'appréciation ponctuelle des « lacunes », des erreurs, des excès (par rapport à un programme le plus souvent implicite et mal connu), ou enfin sur la teneur des textes, appréciée d'après une idéologie, d'après des jugements de valeur esthétiques ou éthiques, on imagine la variété des estimations qui peuvent être portées sur un même ouvrage.

Mais, pour dénoncer des présupposés, le critique projette les siens propres ; pour repérer l'absence d'objectivité, il dispose de sa subjectivité ; pour apprécier les défauts techniques, il doit simuler et suggérer une compétence encyclopédique que nul n'a plus.

(1) Préface au *Dictionnaire Hachette* (1980).

Or, quant à l'univers culturel, chaque ouvrage de référence est tributaire des champs d'intérêt, des jugements de valeur, des systèmes d'évaluation, des réflexes mentaux et affectifs, des préjugés et des croyances de chaque ensemble humain dont il est le produit et auquel il s'adresse. Il ne peut pas y échapper, mais il peut tenter d'agir sur tel élément de cette configuration. Le rapport qu'il établit avec ses lecteurs est donc fonction d'un état de fait idéologique et d'intentions, conservatrices ou modificatrices, quant à cet état de fait (2). Ce dernier dépend des grandes options de la culture et de l'accumulation de ses références mentales : ici, les notions d'épistémé (Foucault) et de *doxa* (3) (Barthes) jouent pleinement.

L'analyse d'un ouvrage de référence nouveau est le plus souvent soumise à l'humeur, à la mode, à la rapidité de réaction requise par le journalisme. Et c'est à partir de la *doxa* partagée qu'elle juge le didactisme engendré par elle.

Reste, heureusement, la réaction des utilisateurs. Avec toutes les hésitations individuelles, elle construit un jugement statistique, certes influencé par la communication sociale et publicitaire, mais qui coïncide finalement assez bien avec les impressions — elles-mêmes très imparfaites — de la critique la moins légère.

Le lecteur tiendra compte du fait que l'objet central de ce livre est l'encyclopédie et le dictionnaire encyclopédique ; le dictionnaire de langue n'est ici qu'un terme de comparaison et un garant.

---

(2) Sur le plan interne de l'organisation et de l'exposé du savoir, le conservatisme nécessaire à la « reproduction » didactique (Bourdieu-Passeron) s'allie plus ou moins bien avec l'intention de dévoiler les difficultés, les interrogations et les angoisses de l'épistémologie contemporaine. L'*Encyclopédie française* ou l'*Universalis* s'opposent ainsi, en France, à des ouvrages plus strictement pédagogiques, qui se doivent de rassurer en assurant.

(3) *Doxa :* ensemble des jugements communs à une société à un moment donné, qui prennent un caractère d'évidence naturelle et exercent une oppression sur la pensée.

L'histoire de l'encyclopédie est indispensable à qui veut saisir la problématique du genre ; celle du dictionnaire de langue est évidemment fonction de la langue elle-même. La première peut être générale, sinon universelle, alors qu'il est difficile d'esquisser l'histoire du dictionnaire dans quelque langue que ce soit sans une introduction linguistique nourrie.

Cet ouvrage qui traite des encyclopédies est lui-même encyclopédique. C'est un livre qui concerne des livres, souvent extraits de textes préalables, et dont certains prétendent décrire la langue, système préalable à toute expression, à toute description... Il se trouve non seulement dans la situation du serpent qui se mord la queue — image naturelle du « cercle » que le terme *encyclo*-pédie utilise —, mais dans le vertige hélicoïdal des étages métalinguistiques.

Si un critique daigne en parler, il se trouvera un cran plus haut dans cette hélice. Or, ni ce texte ni ses commentaires éventuels ne disposent du métalangage scientifique qui leur permettrait de dominer et d'englober leur sujet : version triviale du théorème de Gödel ; ce mathématicien devrait être le patron des encyclopédistes, des lexicographes et de leurs critiques.

Pour être « encyclopédique », ce petit livre, trahissant l'étymologie, n'en est pas moins incomplet. N'y sont pas traités les problèmes éditoriaux et pratiques : choix concret des sujets et des références, réunion des équipes et questions rédactionnelles, fabrication des index, questions typographiques et techniques, qui ont paru relever du manuel pratique et de l'ouvrage sur l'édition. Ce n'est pas non plus un guide de l'utilisateur, donnant des estimations sur les ouvrages de référence disponibles. Cette évaluation n'est pas l'objet habituel d'un texte de synthèse ; par ailleurs, l'auteur de ce livre, responsable de quelques dictionnaires, ne tient pas à être à la fois juge et partie.

PREMIÈRE PARTIE

ENCYCLOPÉDIES ET DICTIONNAIRES : PROBLÉMATIQUES

Chapitre Premier

DÉFINITIONS, DÉSIGNATIONS

I. — Le cercle et le segment

Dans la conscience collective, les mots *encyclopédie*, *dictionnaire* et leurs équivalents sont étroitement liés. Les notions qu'ils recouvrent interfèrent souvent, et sont parfois confondues. En effet, il existe des dictionnaires encyclopédiques, et l'encyclopédie alphabétique, répandue en Occident au XVIIᵉ siècle, se distingue apparemment peu du dictionnaire. Si l'opposition entre « les mots et les choses », entre le dictionnaire de langue et l'encyclopédie est plus ou moins perçue, d'autres oppositions, plus pragmatiques mais aussi plus actives, la recouvrent. Ainsi, le dictionnaire bilingue ou plurilingue, de par son utilisation, est un genre bien distinct, senti comme autonome. Par rapport au dictionnaire, l'encyclopédie, du fait de l'existence de gros ouvrages et du développement de leurs textes, est fréquemment ressentie comme un genre plus sérieux, donnant accès au réel, alors que le premier apparaît plutôt comme un outil pédagogique formel : livre de consultation ponctuelle, il n'est pas fait pour la lecture suivie, et sert à maîtriser une langue étrangère ou les aspects les plus rébarbatifs de la langue maternelle : la syntaxe, l'orthographe. Cependant, les grands dictionnaires de langue échappent à ces limitations, dans la conscience générale : grâce à leur contenu culturel et littéraire, grâce aux informations qu'ils donnent sur l'histoire du lexique, ils acquièrent une réputation quasi littéraire et valorisent leurs utilisateurs. A la limite, ils deviennent symboles et oracles, ce qui leur permet de survivre à leur raison d'être utilitaire (c'est le cas évident du *Littré*).

Dans les jugements sociaux spontanés, une opposition formelle se dégage, intuitive et implicite, liée à des facteurs économiques : celle qui oppose les ouvrages unitaires, insécables, en général alphabétisés, aux collections que l'on peut diviser selon des centres d'intérêts. De ce point de vue, le possesseur du *Robert*, celui du *Grand Larousse encyclopédique* et celui de l'*Universalis*, en France, a un autre rapport au livre que le lecteur des volumes, même collectionnés, de l' « Encyclopédie de la Pléiade » ou des « Que sais-je ? ». Les encyclopédies éclatées que sont ces collections didactiques générales, proposant aux utilisateurs un choix personnel plus ou moins sélectif, une lecture suivie plutôt qu'une consultation, ne sont « encyclopédiques » que par leur structure objective ; par leur modèle d'utilisation, elles s'opposent aux massifs insécables des grands ouvrages de référence, dont la possession partielle est exclue, comme d'ailleurs et paradoxalement l'utilisation intégrale.

Le dictionnaire et l'encyclopédie, lorsqu'ils sont sentis comme une seule réalité, sont englobés dans une notion plus extensive, mal dénommée et qui dépasse les réalités historiques repérables à l'aide de ces deux mots.

On peut la décrire provisoirement en posant qu'il s'agit d'un *discours*, fondamentalement *didactique*, discours qui peut être suivi, et alors soumis à une organisation interne souvent hiérarchique, ou bien tronçonné, et alors ordonné selon des critères sémantiques ou formels, ce discours étant destiné à procurer, à l'intérieur d'une *culture* et à l'intention d'une catégorie d'*utilisateurs*, un ensemble d'informations lié à un univers de textes et proposant une *image* (ou des images compatibles) d'un *corpus de connaissances*, concernant les choses et/ou le langage qui en parle ; ce discours, enfin, assume la forme matérielle d'un *livre* ou d'une série homogène de livres, mais peut se concevoir sous la forme d'une *banque de données* consultable.

Ajoutons que cette image des connaissances nécessaires dans et à la culture considérée, indépendamment de son objet rationnel ou rationalisé, présente des caractères évaluatifs — jugements de valeur liés aux idéologies — et des caractères injonctifs — ce qui est le cas de tout discours didactique.

Les éléments de cette description (rien ne prouve qu'il s'agisse d'une définition) peuvent être analysés séparément et sous divers aspects. Le premier en est le « discours », réalisation concrète par une source humaine (unique ou plurielle) du système de la langue et des usages qui l'actualisent socialement. Cette notion permet de réunir une activité de langage spécifique et son produit, lequel peut être un texte. Le discours en tant que production suppose une « prise de parole » sociale, des stratégies syntactiques et lexicales, des intentions communicatives (il s'agit alors de la production d'un message selon le code de la langue et les codes qui s'y superposent). Il implique l'investissement d'un contenu sémantique et des rapports avec d'autres discours (l' « intertextualité »). Dans le cas présent, ce discours est didactique, ce qui l'oppose par principe à l'énonciation créatrice, qu'elle soit littéraire ou scientifique, et ce qui l'axe sur la communication, par le langage et par d'autres codes (l'illustration, par exemple) d'un ensemble d'informations déjà formulées et socialement acceptables, sinon acceptées. La présence de ce discours fondateur derrière tout discours didactique est essentielle ; c'est souvent le discours scientifique, qui succède historiquement au discours sacré révélé et à ses déchiffrages. Un tel didactisme exclut le plus souvent la rhétorique apparente de la polémique et tend à limiter — ouvertement, à supprimer — la recherche d'une conviction irrationnelle. Mais le didactisme recherche la conviction et entraîne toutes les méthodes de persuasion afin d'obtenir une adhésion sans réserve, ce qui n'est pas le cas du discours scientifique, où l'adhésion ne relève pas des techniques de persuasion, mais d'un cheminement rationnel partagé, ni celui du discours littéraire, où elle requiert l'obscure évaluation de valeurs esthétiques et morales.

Ce discours encyclopédique et lexicographique est articulé de manière diverse. Le tronçonnement du dictionnaire ressemble à celui de l'annuaire, du catalogue, de la liste ; sa nomenclature est une liste, augmentée de textes-fragments. Mais ces fragments ne sont pas de même nature que ceux de la maxime ou de l'anthologie ; leur addition doit produire une structure, répétitive et redondante (au minimum selon des critères d'économie, mais les critères de commodité consultative modifient cette exigence), homogène et non contradictoire (ce qui n'est pas le cas de l'anthologie), et couvrant l'ensemble d'un champ prédéterminé, articulé thématiquement. Ce tronçonnement est explicable par la nature même de certains objets traités : le lexique, ensemble d'unités discrètes, les noms propres, les termes d'une terminologie. En matière encyclopédique, il n'est plus justifié que par la possibilité d'un classement relativement fin, totalement ou partiellement arbitraire — ce qui élimine la difficile question de l'organisation sémantique du discours global — et entièrement mémorisé par l'utilisateur : la forme la plus efficace d'un tel classement est l'ordre alphabétique.

Si le discours encyclopédique se soumet à l'économie du

tronçonnement alphabétique, c'est au prix d'une rupture des relations entre les éléments du texte ; y supplée alors, incomplètement, un système de renvois. Si un dictionnaire sans exemple est un squelette (Voltaire), un dictionnaire ou une encyclopédie sans renvois internes est un ossuaire, fait de *membra disjecta*. Quant à l'encyclopédie méthodique ou systématique, elle doit adopter un ordre discursif non formel, reflétant le projet de « savoir global » propre à chaque épistémé — et critiqué par chaque épistémologie. Dans l'histoire, le discours tronçonné, qui a toujours été celui du dictionnaire de langue, celui de l'anthologie et de la bibliographie (mise en ordre de l'intertextualité), a investi l'encyclopédie, ouvertement depuis le XVIIIᵉ siècle.

On peut élargir l'opposition entre discours tronçonné et discours suivi à l'ensemble du didactisme. Le tronçonnement est le fait de la présentation des données informatives ; le discours suivi, requérant l'organisation sémantique, est attaché à la transmission du corps de connaissances constitué par les informations stockées, interprétées, sélectionnées et organisées. C'est le discours de la philosophie, de l'enseignement. Ceci oppose l'univers schizophrénique de la *bibliothèque* — admirablement évoqué par Borgès (1) — au fantasme totalisant (non plus additif) et passablement paranoïaque de l'*école* universelle, de la *pansophia*.

Or, nos ouvrages participent de ces deux univers, comme l'ont noté les plus lucides des critiques (2). Si le dictionnaire en son enfance est d'abord une liste de mots (on parle plutôt alors de glossaire), l'encyclopédie n'est pas initialement un livre, un discours écrit et figé, mais un cycle d'études à parcourir. Vitruve mentionne l'*encyclios paideia* (*De Architectura*, I, 7), Quintilien emploie *egkuklopaideia* au sens de « cours d'étude ». C'est pendant la Renaissance que la bibliothèque, en Occident, rencontre l'école. *Encyclopaedia* est attesté

(1) La Bibliothèque de Babel, *Fictions*.
(2) Voir notamment A. SALSANO, dans l'introduction à l'*Enciclopedia Einaudi*, t. I, 1977.

en anglais en 1531 comme *the circle of doctrine, encyclopédie* est employé deux ans après par Rabelais avec la même valeur et dans un contexte passablement sarcastique (3).

On verra par l'histoire de l'encyclopédie comment, au début du XVIIe siècle, s'effectue la mutation de cette « bibliothécole », active depuis des siècles (4).

II. — Désignations et fantasmes

La désignation des encyclopédies et des dictionnaires est instructive. Tout d'abord, nous ne disposons pour l'ensemble que d'expressions approximatives, comme *ouvrage de référence*, en anglais *reference book* (ou *work*). Outre que les mots *ouvrage* et *work* renvoient à une activité créatrice de discours, et *book* (« livre ») à un produit culturel-économique, support matériel de la circulation de ce discours, la notion de « référence » enferme encyclopédies et dictionnaires dans une pro-

(3) *Pantagruel*, chap. 20. Le savant anglais Thaumaste (l' « Admirable ») visite Paris afin de disputer avec Pantagruel qu'il admire. Le géant, inquiet de l'immense savoir qu'affiche Thaumaste, est relayé par Panurge, qui se charge de la confrontation, et a avec l'érudit une longue et grotesque discussion d'où le langage articulé est banni, à grand renfort de gestes obscènes : satire vraisemblable de la dialectique scolastique devenue extraordinairement formelle. A l'issue de la rencontre, Thaumaste vaincu déclare : « Je vous [peux] asseurer qu'il [Panurge] m'a ouvert le vray puys et abisme de encyclopédie, voyre en une sorte que je ne pensoys trouver homme qui en sceust les premiers élémens seulement : c'est quand nous avons disputé par signes... » De manière significative, Thaumaste éprouve le besoin de tirer un gros livre de cet entretien muet.

(4) Les premiers titres utilisant le terme latin *encyclopaedia* le font dans le sens large de « cercle de connaissances », pratiquement synonyme de « arts libéraux », traduisant souvent l'emprunt grec par le latin *orbis disciplinarum*. ALSTED lui-même, avant son œuvre de 1630, avait écrit une *Encyclopaedia cursus philosophici* (1608) et une *Panacaea philosophica*, qualifiée de *methodus docendi et discendi universam encyclopaediam* (1610). Donc, au XVIe et au début du XVIIe, des manuels et traités pédagogiques sont appelés « encyclopédies ». La trace de cette tradition est sensible dans l'usage allemand de *Encyclopädie*, par exemple chez Carl Christian SCHMID (*Allgemeine Encyclopädie und Methodologie des Wissenschaften*, 1810) et, bien entendu, chez HEGEL (*Encyclopädie des philosophischen Wissenschaften im Grundrisse*, 1817).

blématique de la communication utilitaire, évacuant avec la mise en ordre rationnelle — ou idéologique — les autres dimensions sémiotiques du domaine, fonctions expressives et symptomales, polémiques et politiques, dont témoigne suffisamment l'histoire.

Avant que l'on ne parle d'*encyclopédie, encyclopaedia, cyclopaedia*, de *dictionnaire, wörterbuch, Lexicon, slovar'*…, bien d'autres noms ont été ou sont encore employés. Passons sur *lexique, glossaire, vocabulaire* qui concernent la lexicographie de la langue ou la terminologie, pour considérer l'encyclopédie dans diverses cultures. Beaucoup de désignations y sont métaphoriques, mais certaines sont parfaitement logiques. Ainsi le titre chinois *lei-shu* signifie « livre [*shu*] de catégories [*lei*] ». Là, c'est le classement des objets, et non leur nature, qui désigne le genre ; le terme ne correspond pas seulement à ce que nous nommons *encyclopédie* ou même *recueil encyclopédique*, mais aussi à tout recueil classant du matériel écrit par catégories de caractères (par exemple un recueil d'anecdotes, une anthologie).

En Inde, les termes *Brahmana* et *Sûtra*, bien qu'ils puissent revêtir des aspects encyclopédiques, n'ont rien à voir avec notre notion, non plus que *Purâna* (« antiques ») ou *Samhita* (« collection »). De nos jours, à côté du mot *akosa* (« dictionnaire ») une autre nomenclature, reflet de l'unification intellectuelle, s'est introduite.

Par ailleurs, les titres métaphoriques, usuels et normaux depuis l'Antiquité gréco-latine, restent vivants. Filliozat traduit le *Vidyâkalpadruma* de Banerji (1846-1851) par « l'arbre aux souhaits [arbre mythique qui exauce les désirs] sur la science ». En Islam comme en Occident, avant les Temps modernes, le titre métaphorique est la norme. L'ouvrage de référence est une « clé des sciences » *(Mafatih al-'ulum)*, un « collier » *('Iqd)*, l'encyclopédie historique et géographique une « prairie » (les *Prata* de Suétone ; l'image se retrouve en Islam). La culture arabe fait preuve d'imagination poétique ; Charles Pellat traduit des titres par « itinéraire des regards », « summum du désir dans les branches de la connaissance », etc.

Certaines métaphores sont transculturelles, notamment celles qui portent sur la richesse accumulée : l'expression *Livre dou Trésor*, de Brunetto Latini, qui francise le latin *Thesaurus*, remis à la mode de nos jours, répond aux ouvrages appelés *khizâna* en arabe. Une autre métaphore universelle évoque l' « image » du monde et des choses *(imago mundi)* transmise par un « miroir » (*speculum* en latin, *huan-lan* en chinois). Le « collier » arabe, cité plus haut, joint la métaphore essentielle du « cercle », présente dans *encyclopédie* et celle du « joyau » ou de la « matière précieuse », qui rejoint le « trésor » (cf. le *yü-p'ien*, « livre de jade », du VIe siècle chinois). L'évocation de la « soif » de connaissances, avatar du thème du désir, peut engendrer une métaphore aquatique, comme dans le *T'zu-yuän*, « fontaine de mots », publié en 1915, le thème de l'eau pouvant se diriger vers celui de l'immensité inépuisable, dans l' « océan de jade » *(Yü-hai)* de Wang Ying-lin (XIIIe siècle) ou le *T'zu hai* (« océan des mots ») et autrement exprimée par l'image de la forêt (*Tzu lin*, « forêt des idéogrammes »).

Au-delà des titres d'ouvrages, la métaphorisation révèle des images fondatrices. Celle de l' « arbre », mythiquement présente dans la tradition indienne, on l'a vu, et bien sûr dans la Bible — est appliquée aux connaissances et aux sciences, notamment chez Llull (*Arbor scientiae*, 1295) comme support d'une image génétique de la croissance, avant de devenir celui d'une image hiérarchique et classificatoire, avec et après Bacon, Descartes ou Vico, et par exemple chez d'Alembert, dans l'*Encyclopédie*. Mais Bacon commence aussi à transmettre le thème moins rassurant de l'égarement, avec les métaphores de la « forêt », du « labyrinthe », joignant la suggestion d'une complexité angoissante à celle d'un chemin possible (le « fil d'Ariane »), la première valorisant la seconde ; ainsi la « mer des objets » (Diderot) évoque un milieu inépuisable et dangereux, mais aussi le pouvoir de l'habile navigateur. Même dialectique dans l'image de la « porte » (*Janua linguarum* : Comenius) et de la « clé » (*Clavis universalis*, de B. de Lavinheta), liée à celle de serrure, de secret, d'hermétisme vaincu.

L'analyse des supports métaphoriques du désir, du besoin et de l'angoisse, celle de l'image d'un ordre naturel, quasi biologique et celle de la confusion merveilleuse et voulue du labyrinthe, celle du reflet spéculaire, celle du parcours et de l'entrée révéleraient sans doute les racines du projet encyclopédique, compromis par les références obsessionnelles à la richesse, à l'accumulation, à la conservation, et remodelé à la manière optimiste et technicienne du XVIIIe siècle par la métaphore fonctionnelle : pour Diderot et d'Alembert, l'*Encyclopédie*, qui décrit les machines, est bel et bien une machine.

Pour revenir, plus superficiellement, aux désignations des ouvrages, on retiendra l'utilisation rationnelle du thème didactique (les *Disciplinae* de Varron, le *Didascalicon* médiéval), du thème de l'accumulation *(trésor)* et du choix *(compendium)*, de celui de l'enquête et de la recherche *(historia naturalis* correspond initialement à « étude sur la nature »), de celui des origines *(Shi-wu chi yüan* « écrits sur l'origine des choses et des objets », de Kao Ch'eng-fu, XIe siècle), notamment par la vérité du langage *(Origines* ou *Etymologiae* d'Isidore de Séville). Un thème essentiel est celui de l'*exemplum*, fragment de discours prélevé à la fois pour instruire et pour moraliser, et aussi pour agrémenter, « illustrer » (il faut toujours des « images »), pour fonder en vérité et en force persuasive le discours (on dit encore *autoridad* en espagnol) : les *Excerpta* byzantins, le *Liber excerptionum* de Richard de Saint-Victor, de nombreux titres chinois en font foi.

Dans les intitulés, l'organisation des ouvrages est souvent explicite : des termes comme *dictionnaire, lexicon*, etc., impliquent en général l'ordre alphabétique. Mais cette implication n'est pas obligatoire, d'où l'emploi de syntagmes comme *dictionnaire notionnel, conceptuel, analogique*, ou l'emploi d'adjectifs correcteurs : l'*Encyclopédie* de Diderot se nomme *dictionnaire*, mais ce dictionnaire est *raisonné*. En chinois, la multiplicité des organisations favorise l'explicitation : *Sheng-lei* « catégories phonétiques », *Ch'ieh-yün* « rimes [syllabes finales] analysées », *Wu-fang yüan-yin* « sons originaux dans cinq directions » (5).

L'*encyclopédie*, à son tour, est souvent titrée selon sa structure : *alphabétique* ou *méthodique*.

Les objets du savoir sont parfois mentionnés. Sont ainsi annoncés, en toute simplicité, le monde *(de mundo)* et les choses, leur nature *(de naturis rerum*, de Raban Maur (6)), leurs propriétés *(de propriatibus rerum)*, avec celle des mots. Parfois, l'objet de l'analyse sémantique est lui-même désigné : *Shih-ming* signifie « interprétation des notions » (IIe siècle), *Liu-shu pen-i* « sens fondamental dans les six styles d'écriture » (*in* Bauer, *ibid.*). Ces objets du savoir sont parfois organisés en thèmes *(De thematibus* byzantin), en « arts » (*ars* traduisant *tekhnê*), en « sciences » (*scientiae*, arabe *'ulûm*) diversement

---

(5) Ce dernier dictionnaire date de 1701 ; ce titre, et d'autres dont il sera question plus loin, est emprunté à l'étude de Wolfgang BAUER (voir bibliographie).

(6) Selon son auteur, c'est « un ouvrage à la manière des Anciens qui ont écrit plus d'un traité sur la nature des choses et sur le sens vrai (étymologie) des noms et des verbes, ouvrage dans lequel [on trouverait] des développements non seulement sur la nature des choses et la propriété des termes, mais aussi sur la signification spirituelle de ces mêmes choses » (*in* J. FONTAINE, *Isidore de Séville*).

qualifiées, en « connaissances » plus générales (comme les *ma'ârif* arabes, décrites par l'*adab*), en « disciplines » organisées pédagogiquement. Ces thèmes de savoir et de transmission du savoir peuvent être explicitement nombrés et répartis (*trivium* et *quadrivium*) ou simplement et plus prudemment qualifiés. Le complément du nom *dictionnaire*, ou *encyclopédie*, dans les syntagmes de titres, fournissent à chaque époque une classification sauvage des objets de connaissances et de pédagogie, à côté des constructions conceptuelles et philosophiques. Et l'on en arrive aux titres cumulatifs, annoncés par un adjectif comme *universel* ou *général* suivi d'une avalanche de noms, très en faveur au XIXe siècle.

Le destinataire des ouvrages est parfois explicite, d'abord dans les cultures où le didactisme pour adultes est institutionnalisé — l'*adab el-kâtib* arabe, « livre du secrétaire », « humanités du secrétaire » — puis dans une intention de destination commerciale (encyclopédies « des gens du monde », « des dames », au XIXe siècle, dictionnaires et encyclopédies « pour la jeunesse », « des jeunes », de nos jours).

A partir du XVIIIe siècle en Occident, à partir du XIXe et du XXe siècle partout, les titres s'homogénéisent. *Dictionnaire*, *Encyclopédie*, *Lexicon* et leurs équivalents dans d'autres langues — avec des différences notionnelles — l'emportent et prolifèrent. La spécification individuelle nécessaire s'opère soit par un adjectif, soit par un nom d'auteur. Le premier caractérise souvent la source nationale (*Encyclopaedia britannica*, *americana*..., *Encyclopédie française*, etc.), parfois l'origine locale, universitaire (l'*Oxford*) ou autre. La source personnelle est repérée par le nom d'un auteur (Littré), d'un éditeur (Brockhaus), certains responsables intellectuels fondant leur firme d'édition (Larousse, Webster, Robert...).

Les titres complets des ouvrages de référence contemporains sont des descriptions définies (au sens logique) auxquelles correspondent dans l'usage courant un nom propre plus bref et plus mémorisable. Dans le cas très exceptionnel d'une notoriété supérieure, un nom commun peut jouer ce rôle : on parle de l'*Encyclopédie* peut-être aussi parce que les noms de d'Alembert, de Diderot étaient « occupés » par la référence de notoriété, l'un par la science, l'autre par la littérature. Mais aucun ouvrage n'a pu se dénommer *le* Dictionnaire, sans doute parce que ce dernier terme, lié à une langue, ne peut investir une notoriété mondiale.

Chapitre II

STRUCTURES TEXTUELLES

I. — Oppositions

Les notions de « dictionnaire » et d' « encyclopédie », aussi liées soient-elles dans la pratique sociale, sont remarquablement disjointes. Mais cette disjonction n'est pas celle que proposent les mots. En fait, c'est un dictionnaire particulier dont l'objet est la langue (ou des langues confrontées) qui est isolé de tout autre ouvrage. A juste titre, car sa sémantique, originale, est métalinguistique. La connaissance de ce dictionnaire relève aujourd'hui, par le fait de l'institution universitaire, de la linguistique maladroitement dite *appliquée*. On remarquera que cette étude n'a guère prospéré tant que les professeurs et les théoriciens linguistes s'en sont pris avec condescendance à l' « objet dictionnaire », comme à un sous-produit impur et archaïque de leur discipline. Cette attitude de mépris, affiché ou non, à l'égard d'une pratique compromise par la communication sociale, de la part de ceux qui s'imaginaient respirer l' « éther » — air très pur ou stupéfiant puissant ? — de la science, ne pouvait aboutir qu'à des évaluations négatives, d'ailleurs souvent justifiées, et partielles. C'est lorsque des lexicographes se sont fait linguistes et sémioticiens, et que des linguistes ont mis la main à la pâte lexicographique, que l'on a pu réunir et organiser quelques connaissances dépassant l'anecdote de la critique traditionnelle ou les quiproquos de la théorie. Bien entendu, ces connaissances dépendent des données de la linguistique, théorique ou non, mais cette discipline est loin d'être seule en cause. Une littérature historique et descriptive, puis analytique et critique du dictionnaire de langue s'est ainsi constituée récemment, de manière encore insuffisante, ne considérant par exemple que la pratique et les produits lexicographiques de quelques langues (surtout germaniques, romanes et slaves) et négligeant longtemps l'aspect symptomal, idéologique, psychosocial, de ce discours étrange et pervers.

Répétons-le, il sera surtout question ici d'un autre type de dictionnaire, dit encyclopédique, et de l'encyclopédie proprement dite, qui affecte souvent l'apparence formelle d'un dictionnaire. En effet, le dictionnaire de langue constitue à lui seul tout un domaine, d'une extraordinaire richesse, d'une grande complexité, et qui mérite des études spécifiques (1).

Quant à l'activité encyclopédique, malgré la vogue de la textologie et de l'analyse des discours, elle échappe aux investigations de l'institution linguistique. Elle est appréhendée, mais comme un phénomène secondaire, par les épistémologues, les historiens des idées, les pédagogues, les sémioticiens.

L'opposition entre ces deux types est normale, dans la mesure où le dictionnaire de langue, on l'a dit, a pour principal objet le comportement de signes langagiers, les mots, classés selon un ordre issu de leur structure phonétique et graphique (la seconde reflétant, avec maintes déformations, la première). En revanche, l'ouvrage encyclopédique assemble, sélectionne, distribue

---

(1) Le dictionnaire de langue française a été abordé dans plusieurs ouvrages de cette collection, tel *Les mots français*, par H. MITTERAND, *La terminologie*, etc. Des éléments bibliographiques figurent ici en fin d'ouvrage. Mais une synthèse reste à élaborer.

très diversement des discours, empruntés ou produits *ad hoc*, destinés à transmettre une image cumulative ou totalisante du savoir.

Toujours instructive, mais toujours dangereuse, l'étymologie nous interpelle : les « façons de dire » *(dictiones)* et la circularisation *(en-kuklos)* de l'instruction *(paideia)* sont deux univers liés, mais bien distincts. Celui des « mots », de la langue naturelle ; celui des connaissances exprimables sur le monde, appréhendées et commentées dans un projet didactique et par des techniques de communication sociale de plus en plus massive, du manuscrit abondamment recopié au livre imprimé, de celui-ci au terminal d'ordinateur.

Une différence fondamentale entre l'encyclopédie et le dictionnaire tient à la nature des entrées. L'article d'encyclopédie, qui a pour objet la description du monde, utilise l'entrée comme un accès au domaine à décrire. Cette entrée n'est pas imposée comme signe, mais seulement comme contenu : tout mot voisin du même champ sémantique pourrait convenir. Au contraire, le dictionnaire, qui se propose la description des mots, présente des entrées qui sont l'objet même dont on parle en tant que signe ; la nomenclature d'ensemble est imposée (lexique d'une langue, plus ou moins complet, mais tenant compte de la fréquence), et chaque entrée, qui est envisagée dans sa forme, est déterminée : on ne peut lui substituer aucun synonyme ni aucune traduction. Quant aux noms propres, qui figurent à la nomenclature des encyclopédies, ils n'appartiennent à aucune langue (en tant que système) et fonctionnent dans toutes (avec quelques aménagements formels pour les plus courants). Désignant par nature un objet singulier, ils ont, il est vrai, une forme obligatoire ; cependant ils ne sont pas, en général, envisagés comme signes, mais seulement comme le moyen d'accéder à ce qu'ils désignent. Le dictionnaire de langue les exclut. Néanmoins, il existe des dictionnaires qui les prennent comme objets d'étude (dictionnaires toponymiques, onomastiques, étymologiques des noms propres).

Un exemple simple illustrera l'opposition entre dictionnaire de langue et ouvrage encyclopédique. Le domaine de l'apiculture, dans le premier, sera réparti entre tous les mots nécessaires pour parler de cette activité, les plus fréquents (*abeille*, *miel*, *ruche*, *apiculture*, *essaim*, etc., en français) contenant plus d'information sur le fonctionnement de ces mots que les autres, mais les moins fréquents, selon la structure du dictionnaire, étant aussi l'objet d'une information « adressée », d'une entrée. Au contraire, l'encyclopédie regroupera son discours apicole sous une ou deux rubriques. La rubrique principale pourra être thématique *(apiculture)* ou fréquentielle, et donc langagière, pour éviter de privilégier un mot moins courant (on préférera alors *abeille*, ou peut-être *miel* [production du]). En fait, l'objectif est ici la communication, les informations étant placées au lieu le plus vraisemblable de la consultation. On voit à quel point la situation est différente dans le dictionnaire de langue, où les mots ne sont pas choisis pour coiffer ou titrer un discours thématique, mais en tant qu'objets traités pour eux-mêmes (2).

La nomenclature des dictionnaires et des encyclopédies ne nous offre que des mots, et l'opposition traditionnelle entre les « mots » et les « choses » doit être remplacée par l'opposition réelle entre « mot qui désigne une chose » (encyclopédie) et « mot qui désigne un mot » (dictionnaire). On dira que le discours du dictionnaire

____

(2) Cette relation sémiotique entre dictionnaire de langue et dictionnaire encyclopédique, au niveau du statut des entrées, a été explicitée avec clarté par DIDEROT : « Qu'est-ce qu'un dictionnaire de langue ? Qu'est-ce qu'un vocabulaire, lorsqu'il est exécuté aussi parfaitement qu'il peut l'être ? Un recueil très exact des titres à remplir par un dictionnaire encyclopédique et raisonné » (art. « Encyclopédie » de l'*Encyclopédie*).

est métalinguistique (discours sur les mots) alors que celui de l'encyclopédie ne l'est pas. Les sujets de ces deux discours (les entrées), et les deux discours eux-mêmes (les articles) sont à des niveaux sémiotiques différents.

Entre ces deux modèles de l'encyclopédie et du dictionnaire de langue existe un ouvrage qui participe de l'un et de l'autre : le dictionnaire encyclopédique. C'est un dictionnaire de langue par la nomenclature, qui développe un discours sur ce que désigne l'entrée ; il insère un morceau de description du monde à l'intérieur de la description du mot, chaque fois que l'occasion s'en présente. Ainsi, on y traite les mots grammaticaux de façon linguistique et les noms de façon en partie encyclopédique.

L'histoire parallèle des deux projets, le lexicographique et l'encyclopédique, souligne l'existence de plusieurs grandes mutations. On ne les évoquera ici que très rapidement, en réservant l'évolution plus détaillée du genre encyclopédique (deuxième partie).

L'Antiquité gréco-latine, les cultures monothéistes, comme celles du Moyen Age occidental et de l'Islam ancien, la Renaissance et son image philologique du monde, l'âge de la science et des philosophies globales, enfin celui des questionnements épistémologiques qui coïncide avec le développement des communications de masse et de la perversion politique également massive — le nôtre —, constituent le cadre d'un récit où un projet ambitieux et naïf est progressivement décentré. Une autre Histoire est nécessaire si l'on veut aborder l'Asie, et notamment la Chine, encore qu'avec le XXe siècle, une homogénéisation sur les critères occidentaux s'opère.

Construit par l'appétit de savoir et par l'illusion d'englober une totalité qui ne pouvait être pensée que dans certains types de métaphysique et de logique — où la fondation idéaliste, notamment théologique, fut essentielle —, ce projet dut dériver vers un objectif de communication et d'information sociale de plus en plus vaste. La globalité rêvée des contenus fait place — sans qu'on en ait toujours conscience, et encore aujourd'hui — à celle des relations interhumaines, qui reste d'ailleurs très illusoire. L'histoire de l'encyclopédie et du dictionnaire parcourt une trajectoire qui va du vrai à l'utile, des structures de l'être aux conjectures de l'exister, du savoir universel à l'apprentissage culturel, de la « science » — lorsqu'il ne pouvait y avoir de science — à l' « idéologie » — quand la science enfin constituée connaît ses limites.

La courbe de la bonne conscience, garantie d'ordre, culmine alors que l'homme est à l'abri de Dieu. Celle de l'ambition intellectuelle et de l'importance culturelle, lorsque le projet philologique et politique (en Chine, dans l'Islam, par exemple) ou le projet épistémologique paraissent compatibles avec le didactisme. En Occident, c'est notoirement l'*Encyclopédie* de Diderot et d'Alembert qui transcende le travail pragmatique et novateur de Chambers, ou le dictionnaire anglais de Samuel Johnson. Moment unique, où un discours largement polémique, politique chez les encyclopédistes français, souvent scientifique ou technologique peut s'informer en structures éditables et largement diffusables, ce dernier caractère orientant les ouvrages vers un didactisme plus sage, à la fin du xviiie siècle (la *Britannica*) et au xixe. La courbe de la communication sociale ne cesse de s'élever au prix d'une normalisation des discours à laquelle résiste plus d'un encyclopédiste (3).

Plus artisanal, protégé de l'illusion de scientificité,

(3) Pierre Larousse est un témoin remarquable de cette résistance, avec un dictionnaire personnel, anecdotique, politisé, naïvement poétisé et pourtant tourné avec ferveur vers le didactisme pédagogique. Voir ci-dessous p. 111.

le dictionnaire résiste plus longtemps à l'absorption dans le modèle de communication. Cependant Moréri et Bayle, pour les noms propres, Johnson, les frères Grimm ou Littré, pour le lexique des langues, n'ont pas de véritables successeurs. C'est une autre réalité discursive et sociale qu'incarnent les principaux lexicographes, avec les organisateurs d'encyclopédies, depuis le milieu du XIXe siècle. La notoriété ne les effleure que lorsqu'ils se font leurs propres éditeurs. En même temps, comme les historiens du genre l'ont souligné, le chercheur ou le petit groupe de collaborateurs font place aux vastes équipes non seulement dans l'encyclopédie, mais aussi, inévitablement, dans les grands projets de dictionnaires de langue, depuis le *New English Dictionary* dit l'*Oxford*, aussi illustre que ses auteurs le sont peu.

La réconciliation des deux types de repérages notoires des ouvrages de référence : celui du responsable ou des responsables intellectuels, celui des responsables du message, éditeurs et diffuseurs, semble réglée en faveur des seconds (Larousse, Hachette...) ou d'un titre anonymisant. L' « auteur », au sens traditionnel du mot, ne se survit que dans la simulation : le *Dictionnaire philosophique* de Voltaire, le *Dictionnaire des idées reçues* de Flaubert, comme l'encyclopédie délirante de *Bouvard et Pécuchet* relèvent de la littérature. Et les éléments de discours didactique à effet encyclopédique sont innombrables dans le discours littéraire, de Rabelais à Swift et à Borges, chez tous les créateurs de mondes, comme chez les romanciers fascinés par la maîtrise du réel, dont le modèle pourrait être Jules Verne. Ainsi, les rapports du didactisme encyclopédique avec la narrativité imaginaire restent vifs, alors qu'ils sont rompus, depuis la fin du Moyen Age occidental ou de la grande période arabe, avec la poéticité, qui s'alimente plutôt aux prestiges lexicographiques (Mallarmé, Ponge...). Mais le poète encyclopédiste, à la suite de

Lucrèce, est une espèce qui ne demande qu'à revivre par-delà l'expérience malheureuse de la poésie didactique des XVIIIe et XIXe siècles. Quant à l'encyclopédiste ou au lexicographe poète, il est encore à naître, mais les surréalistes, après Flaubert, lui ont déjà tracé un programme.

II. — Fragmentations et classements

Qu'il s'agisse d'ouvrages « raisonnés », conceptuels, méthodiques, thématiques, ou d'arrangements formels, encyclopédies et dictionnaires doivent fractionner leur discours selon un ordre résultant d'un classement. Le principe de ce classement varie selon les objets classés : thèmes et objets de connaissances, disciplines et pratiques réglées (« arts », techniques, sciences...), termes, noms propres, mots d'une langue ou de plusieurs. Il fonde une structure d'ensemble.

Celle-ci, dans les encyclopédies méthodiques, fournit une suite d'intitulés — volumes, parties, chapitres... — qui sont autant de cadres pour l'information. Chaque secteur ainsi déterminé est lui-même réparti ou découpé, le plus souvent selon une classification hiérarchique, du plus général, du plus extensif, au plus particulier, au plus compréhensif. Arrivé au terme du classement, matérialisé par un intitulé ou par une disposition typographique (paragraphe désigné ou simplement distinct), un discours suivi est tenu, variable dans ses réalisations concrètes, assez stable dans ses règles internes.

Le genre se caractérise par la dialectique entre la cohérence poursuivie du discours global, qui correspond au projet totalisant, et la variabilité des discours tenus à propos des divers éléments classés. Cette variabilité diminue considérablement lorsque ces éléments ne sont plus disposés « méthodiquement », mais formellement. L'arrangement formel typique est celui du dictionnaire et de l'encyclopédie alphabétique. L'information mise en discours est alors transmise au moyen d'un arrangement textuel relativement stable, appelé couramment « article », et tenu à propos d'une « entrée », et l'on peut parler à son propos d'une *microstructure*, par opposition à l'arrangement d'ensemble de l'ouvrage, qu'on appellera *macrostructure*. La microstructure d'une grande encyclopédie moderne alphabétisée, comme la *Britannica* ou l'*Universalis*, est souple : elle comporte au moins deux variantes, articles brefs destinés à une consultation ponctuelle, articles développés correspondant à des objets de savoir considérés comme majeurs ou organisateurs. Pour ces derniers, quasi monographiques, l'organisation interne se laisse comparer à celle qui gouverne le chapitre ou le sous-chapitre d'un ouvrage méthodique tel que l'*Encyclopédie de la Pléiade*, le volume ou le chapitre d'une collection encyclopédique comme les « Que sais-je ? » ou les « Penguin Books ». Malgré la multiplicité des auteurs (chaque grande encyclopédie, comme chaque collection, en a de très nombreux, parfois masqués) l'arrangement de l'information transmise par une rhétorique propre est soumis à des principes assez stables, dans un contexte culturel donné. Ces principes deviennent plus rigoureux dans le dictionnaire encyclopédique et le dictionnaire de noms propres, qui doivent être structurés de manière plus homogène, pour répondre au besoin de consultation rapide. C'est enfin le vocabulaire terminologique et le dictionnaire de langue qui l'emportent en cohérence interne, d'un article à l'autre, et c'est à leur propos que l'on parle avec le plus de raison de micro- et de macrostructure (4).

Le discours didactique doit s'adapter à chaque type d'objet. Si cet objet est saisissable dans le temps — notamment dans un temps historique —, il aura des traits narratifs : ce

---

(4) Voir J. REY-DEBOVE, *Etude linguistique et sémiotique des dictionnaires français contemporains* (Bibliographie).

caractère devient dominant quand l'objet décrit temporelle-
ment correspond à un nom propre humain (biographies).
Dans d'autres cas (noms propres spatiaux, noms communs
désignant des classes d'objets), la temporalité est en partie
ou totalement éliminée. Le discours didactique sur Louis XIV
sera essentiellement narratif, plus que celui sur Michel-Ange,
Mozart ou Shakespeare (mais une narrativité seconde, interne
aux « œuvres » apparaîtra alors) ; le discours concernant
New York ou l'Albanie sera à la fois narratif et descriptif,
adoptant alors la temporalité idéale (« synchronie ») d'une
contemporanéité absolue. Certains noms propres de lieu, de
nature culturelle (villes, Etats...) plutôt que naturelle (rivières,
montagnes), induisent aussi le discours historique, analogue
à celui qui concerne le nom d'une période : l'article « Italie »
et l'article « Renaissance » auront des structures comparables.

Le discours narratif ou narrativisé peut d'ailleurs être
représenté dans de nombreux domaines : il correspond souvent
au projet pédagogique adoptant l'ordre temporel pour exposer
les mécanismes fonctionnels. On en trouvera donc dans les
articles de sciences et de techniques de la plupart des dictionnaires encyclopédiques, où la sémiotique narrative intervient
aussi hors langage, dans l'illustration (schémas fonctionnels
décrivant les stades d'une fabrication, etc.).

La mise en ordre : du linéaire au cyclique. — Chaque
ouvrage de référence tente d'appréhender de manière
significative un ensemble d'informations défini, à un
certain niveau de communication, et en lui conférant
une homogénéité culturelle. Dans le cadre de l'encyclopédie ou du dictionnaire général, cet ensemble est non
seulement cumulatif, mais, dans sa visée, globalisant,
ou, comme on dit, « universel », encore que cette prétention à l'universalité soit toujours battue en brèche par
un provincialisme très décelable. Quant aux ouvrages
spéciaux, ils tentent de maîtriser soit la totalité d'un
domaine (encyclopédies et dictionnaires spéciaux), soit
une sélection d'informations à l'intention exclusive d'un
type d'utilisateurs (par exemple, une encyclopédie pour
la jeunesse, caractérisée non seulement par le type de
discours, mais aussi par la sélection des objets).

Dans un cas comme dans l'autre, le choix des domaines, des objets de savoir, répond à des principes entièrement distincts, selon qu'il s'agit d'encyclopédie ou de langue. Dans le premier cas, on distinguera essentiellement le classement rationnel, méthodique, du classement formel. Le « méthodisme » relève d'une double problématique, discutée et modifiée dans toute l'histoire des idées : le classement des objets de savoir, requérant la désignation (classologie, terminologie, taxinomies), le classement des modes de savoir (épistémologie, classification des sciences, des disciplines pédagogiques, des méthodes, des techniques, interférant les unes avec les autres). On retrouve cette dualité dans la nomenclature des encyclopédies, où les noms d'objets singuliers (noms propres), les noms de classes d'objets et de notions (terminologies), les noms de thèmes et de domaines objectifs du savoir (par exemple « animaux », « plantes », « corps humain », « comportement des mammifères », « systèmes signifiants », « systèmes politiques ») voisinent avec les noms des disciplines (« zoologie », « botanique », « anatomie humaine », « éthologie des mammifères », « sémiotique », « droit constitutionnel ») et ceux des pratiques réglées, notamment des techniques (autrefois nommées « arts »), des arts au sens moderne, des spectacles, des jeux et des sports, etc.

L'ambiguïté est fréquemment entretenue par les désignations mêmes : les noms de sciences désignent souvent aussi l'ensemble des objets qu'elles visent. Ainsi, la partie ou l'article consacré à la « géologie » dans une encyclopédie comprendra à la fois un exposé des objets de cette science, éventuellement un exposé de ses principes, de ses méthodes, de ses fondements scientifiques (minéralogie, chimie...), de ses corrélats (paléontologie), de ses subdivisions, et parfois un exposé de l'évolution historique des connaissances.

Avec cette ambiguïté, qui correspond à la relation sujet-objet de connaissance avec ses deux orientations, la structure d'ensemble des encyclopédies raisonnées, à chaque moment de l'histoire des cultures et des connaissances, est relativement stable ; elle a subi dans le temps plusieurs grandes mutations. Dans chaque période ainsi limitée, à l'intérieur d'une culture d'abord, puis mondialement (la mondialisation s'accélérant à partir de la Renaissance, en Occident), l'ordre d'exposition d'un ouvrage encyclopédique peut bien varier, mais ses principes organisateurs, fonction de l'état du savoir et des finalités sociales de la transmission, sont relativement constants. Par exemple, la relation hiérarchisée entre savoir sacré et savoir profane commande tout le domaine depuis le christianisme et l'Islam, dans l'Occident prérenaissant et dans le monde arabe classique ; une relation différente, mais comparable, s'observe en Chine avant le XIXe siècle. Dans les Temps modernes l'espace typographique se répartit non plus hiérarchiquement (de l'Un, Dieu ou principe, au Multiple), mais selon des niveaux d'abstraction, selon des critères plus souvent empiriques que théoriques et surtout, hors des exigences scientifiques, selon les exigences sociales du didactisme, de la pédagogie, sans oublier les exigences économiques d'une industrie et les pressions idéologiques du milieu.

L'articulation d'une sémantique du savoir utile (car l'encyclopédie choisit et se fait choisir ses objets) et d'une pragmatique de l'effet social est parfois très lisible. Dans l'*Encyclopédie* de Diderot, dans la première *Britannica*, dans le *Grand Dictionnaire* de Pierre Larousse, l'importance relative accordée aux objets et aux domaines est en relation profonde et évidente avec les intentions idéologiques des responsables. Mais ces structurations de contenu relèvent de facteurs beaucoup plus généraux, qui organisent la pédagogie tout entière et le modèle de communication par le livre.

L'une des tendances du genre est son aspect cumulatif, dont le triomphe est relativement récent. Alors que les ouvrages didactiques globaux du passé effectuaient une sélection volontaire et hiérarchisante dans l'information disponible — et ils étaient très loin de disposer de l'information souhaitable pour leur objet assumé —, ceux d'aujourd'hui prétendent, à un niveau donné, assurer une cohérence et donner une image raisonnable d'une totalité. Au XVIIe siècle, au XVIIIe siècle encore, les dictionnaires encyclopédiques et de noms propres ne procédaient pas ainsi ; sans que les critères de sélection soient explicités, la nomenclature de Moréri, de Bayle, de Trévoux, alphabétique, l'organisation de la première *Britannica*, méthodique, nous paraît anarchique et lacunaire. Aujourd'hui, des critères d'importance, à la fois quantitatifs (populations des villes, etc.) et qualitatifs, institutionnels (appartenance à une fonction, à une distinction, etc.) ou subjectifs mais contrôlés — l'objectivité est ici un mythe —, construisent les dictionnaires de noms propres, avec une anamorphose volontaire qui axe la description sur des besoins locaux : le provincialisme des dictionnaires est un fait universel et l'universalisme, sauf peut-être dans les sciences « pures », une étrange illusion.

En un mot, loin de refléter le monde comme un miroir, selon la métaphore bien connue, l'encyclopédie construit son image comme le cartographe fait sa carte, toujours incomplète, plus ou moins lisible, toujours arbitraire, mais selon un arbitraire contrôlé et cohérent (un code), ou comme le conteur interprète un thème commun.

On pourrait croire que le dictionnaire de langue, ayant pour objet les mots d'un lexique, et non plus la quantité indéterminée des noms propres ou les étiquettes en partie arbitraire des « entrées » encyclopédiques, échappe à ce sort et « reflète » bien son objet, le lexique d'une ou de plusieurs langues. Et il est vrai que les meilleurs dictionnaires récents ont une cohérence plus grande par rapport à leur objet supposé. Mais cet objet n'est pas un. Ce n'est pas la « langue » dans son abstraction, malgré les illusions d'un Littré à ce sujet.

C'est bien plutôt une configuration complexe et conflictuelle d' « usages » de la langue, entre lesquels le dictionnaire construit, qu'il le veuille ou non, une norme plus ou moins cohérente et stricte. Ce faisant, le lexicographe élabore lui aussi une image, partiellement artificielle, subjective et probablement trompeuse quant à une réalité objective qui nous reste inconnue. D'où les critiques des linguistes à l'adresse des dictionnaires, qui viennent du fait que la linguistique est en mesure de produire des modèles plus scientifiques, mais qui ne concernent qu'un objet élaboré, beaucoup plus abstrait et sans rapport direct avec le fonctionnement empirique du dictionnaire, en prise sur l'usage social. L'élimination ou l'acceptation des mots tabous, des mots spéciaux, régionaux, archaïques, nouveaux (néologismes), le traitement des comportements lexicaux considérés comme « fautifs », le choix des éléments de discours-source (exemples et citations) permettent, quelle que soit l'apparence de rigueur de la description, de déceler l'idéologie dans tout ouvrage lexicographique : il n'est que de lire l'article « Roi » ou « Etat » dans un dictionnaire français du XVIIᵉ siècle, l'article « Femme » ou « Nègre » dans un dictionnaire du XIXᵉ, pour s'en convaincre. Encore s'agit-il de mots pour lesquels la sensibilité aux évolutions idéologiques est vive ; des indices plus menus abondent partout (5).

Le classement des informations qu'adoptent les encyclopédies est soit explicite (ouvrages méthodiques), soit implicite et caché par un ordre formel ; dans les deux cas, il reflète un programme dont les sources sont complexes (didactisme, pédagogisme institutionnel, mais aussi intentions commerciales, propagandistes, etc.) et il est fonction des idéologies, parfois directement des institutions culturelles.

Le cycle des connaissances peut être conçu, reflété, exposé de bien des manières. Déjà l'organisation des sciences par l'épistémologie apporte plusieurs modèles de réponses à la mise en ordre d'une partie du cycle.

---

(5) L'idéologie du dictionnaire, évoquée dans quelques travaux, commence à faire l'objet d'investigations méthodiques. Voir par exemple Maryse LEHMANN, Analyse du discours lexicographique : le corps sexué, dans le *Petit Larousse illustré*, de 1906 à 1980.

Certains philosophes divisent profondément la connaissance scientifique : c'est le cas de Bacon, le plus influent dans le discours encyclopédique jusqu'au xixe siècle. D'autres, comme Descartes ou Leibniz, soulignent l'unité du savoir. Ce conflit d'attitudes, au cours de la période classique, n'est pas sans effet sur l'exposé encyclopédique, la nécessité d'organiser incitant les auteurs à s'accrocher anachroniquement à l'anthropocentrisme baconien, qui régit les domaines du savoir selon les « facultés » : mémoire (autour de l'Histoire), raison (philosophie et science proprement dites), imagination (la poétique, ou plutôt la *poïesis*). Le triomphe partiel de l'alphabétisme au xviiie siècle correspond à une gêne profonde devant la mutation épistémologique. Si Leibniz accepte l'idée d'une encyclopédie alphabétique, c'est pour ménager l'espace d'un « lexique » ordonné formellement, en attendant le catalogue de caractères, d'idéogrammes reflétant les structures du réel, qui lui serait nécessaire pour des manipulations formelles (réduire le raisonnement à un calcul). En réalité, Leibniz est l'ennemi de l'alphabet, ce reflet de la voix. L'encyclopédie est chez lui, dans l'hexagramme des notions opératoires, située entre la combinatoire qu'elle permet et la science générale qu'elle alimente, et fait face à la langue universelle, finalité visée (6). Les ouvrages concrets appelés

(6) Ce rapport entre « encyclopédie », au sens épistémologique et « combinatoire » est essentiel à toute l'épistémé classique, selon Foucault : « L'exercice de toute langue réelle doit être doublé d'une Encyclopédie qui définit le parcours des mots, prescrit les voies les plus naturelles, dessine les glissements légitimes du savoir, codifie les relations de voisinage et de ressemblance. Le Dictionnaire est fait pour contrôler le jeu des dérivations à partir de la désignation première des mots, tout comme la Langue universelle est faite pour contrôler, à partir d'une articulation bien établie, les erreurs de la réflexion quand elle formule un jugement. L'*Ars combinatoria* et l'Encyclopédie se répondent de part et d'autre de l'imperfection des langues réelles » (*Les mots et les choses*, p. 217). A noter que « dictionnaire » est à prendre ici au sens de Diderot, lorsqu'il parle de dictionnaire de choses, de dictionnaire raisonné ; l'autre, celui qui assume l'imperfection irrationnelle des langues naturelles, c'est le dictionnaire de langue, qui décrit la raison et la déraison de l'Histoire.

« encyclopédies » répondent à de plus modestes critères intellectuels ; mais ils entraînent des conséquences empiriques plus massives.

L'alphabétisation de ces ouvrages correspond au succès d'un arrangement arbitraire, par renoncement à tout système logique prétendant refléter ontologiquement un ordre. Si d'Alembert propose un arbre des sciences emprunté à Bacon, c'est surtout pour parapher l'abandon des principes d'ordre théologique que Bacon a détruits et remplacés ; mais l'alphabétisation, en recourant aux structures mêmes du langage, neutralise en fait toute classification. Elle correspond à une structure remplissable, relativement ouverte, alimentée par le nombre immense des unités du lexique, lequel s'enrichit sans cesse par ses lois internes (morphologie) et par les relations historiques entre langues (emprunts). C'est une structure artificielle, fondée sur l'arbitraire de la relation signifiant-signifié ; non plus une structure fermée, se donnant pour naturelle et parfois pour divine. Ces traits sont liés à la transformation des programmes : au Moyen Age comme dans l'Antiquité, en Chine comme dans l'Islam classique, l'encyclopédie moralise, instruit, éduque, intègre socialement ; après le XVIIᵉ siècle, elle ne peut et ne veut plus qu'informer. Si elle moralise encore, avec Diderot, par exemple, c'est plutôt par recours polémique, par assimilation rhétorique aux modèles à combattre. Comme le note très justement A. Salsano, l'ordre alphabétique « rompt avec une ontologie enseignable », il fait triompher « l'ordre empirique et non logique » du savoir.

C'est pourquoi les critiques contre Diderot et d'Alembert, les tentatives de la première *Britannica* ou de l'*Encyclopédie méthodique* restent si superficielles et si médiocres sur ce plan.

Après Kant et le criticisme, l'organisation méthodique des encyclopédies ne devient pas plus aisée :

hiérarchiser les sciences de l'esprit, porteuses de vérité, avant les autres connaissances, comme le fait T. S. Coleridge, n'aboutit pas à un succès pédagogique. Et si l'énorme ouvrage de Ersch et Gruber recourt lui aussi à un arrangement d'inspiration kantienne (7), prudemment, il s'alphabétise.

De toute façon, l'exposé linéaire du discours imprimé n'est capable que de refléter des classifications elles aussi linéaires. Ni le système de Spencer ni celui de Comte qui avaient l'immense avantage de faire intervenir des critères dynamiques internes et relationnels, n'ayant été utilisés du temps qu'ils étaient acceptables, ceux de nature tabulaire (Cournot) ou cyclique (Piaget) présentent trop de difficultés pour retenir l'attention des éditeurs d'encyclopédies (8).

Ceux-ci, au XXe siècle, sont apparemment restés étrangers aux réflexions de l'empirisme logique, et l'*International Encyclopaedia of Unified Science*, bien connue des logiciens, des linguistes et des sémioticiens, n'a pas eu d'effet sur l'exposé des ouvrages à grande diffusion (9).

---

(7) GRUBER oppose les sciences de la nature, celles de l'homme, les sciences transcendantales, il intègre les sciences de la mémoire de Bacon et celles de l'imagination dans une « anthropologie » (*Über encyclopedisches Studium*, 1819, cité par A. SALSANO [Bibliographie]). — Voir dans la deuxième partie de cet ouvrage les aspects historiques de ces problèmes, dans l'évolution du genre encyclopédique.

(8) Sur l'arrangement et la classification des sciences, domaine qui dépasse largement celui de ce livre, voir, par exemple, R. BLANCHÉ, *L'épistémologie* (« Que sais-je ? »), et J. PIAGET, *Logique et connaissance scientifique* (« Encyclopédie de la Pléiade »). Le cadrage épistémologique de l'alphabétisation chez Diderot et d'Alembert a été analysé par Pol P. GOSSIAUX (voir notamment « L'Encyclopédie « liégeoise » et l'Encyclopédie nouvelle. Nostalgie de la taxis » [Bibliographie]).

(9) Ce considérable effort de synthèse épistémologique s'inscrit dans le courant issu du Cercle de Vienne et de la philosophie anglo-saxonne, avec notamment Carnap, Bloomfield, Charles Morris, représentants éminents de la syntaxe (logique), de la sémantique (linguistique) et de la pragmatique. Von NEURATH en a exposé les principes en français (L'Encyclopédie comme modèle, *Revue de Synthèse*, t. XII, 2, p. 187), puis, dans l'encyclopédie elle-même, en anglais (1938).

Le « cycle » n'est plus assuré aujourd'hui par un parcours harmonieux de l'étudiant, à l'image des orbes célestes, mais par des constatations troublantes, comme celle qui met la neurologie en relation avec les fondements mathématiques sur lesquels s'édifient en partie les sciences de la nature.

Ce ne sont certes pas les institutions pédagogiques qui résoudront le problème de l'agencement des connaissances. On s'y heurte en effet, à des répartitions aberrantes (10), comme à des jugements d'importance exercés par les institutions sur les domaines du savoir. De nos jours, certaines disciplines sont généralement acceptées comme essentielles (ex. : mathématiques, logique, physique, chimie et leurs subdivisions, sciences de la vie, certaines sciences dites « humaines », comme la psychologie, la sociologie), mais d'autres ne sont reconnues que dans une partie du monde (la psychanalyse est refusée en URSS), d'autres enfin sont contestées ou mal assimilées par les institutions (la sémiotique, par exemple). Quant aux « objets » de connaissances, leur classement est précaire, discuté et discutable ; il fait intervenir la perception commune du vocabulaire et des signes du lexique dans une organisation sémantique douteuse (*Thesaurus* de Roget ; *Begriffsystem* de Hallig et Wartburg) ainsi que des classifications élaborées notionnellement (taxinomies, nomenclatures, terminologies normées...). Des difficultés évidentes en résultent : la baleine et le dauphin sont clairement des « mammifères » pour la science et le didactisme encyclopédique, mais tout aussi clairement des « animaux marins pisciformes » quasiment identifiés à des « poissons », pour la connaissance spontanée, les stéréotypes culturels et donc leur étude.

---

(10) Voir par exemple R. BLANCHÉ, *op. cit.*, p. 63-64.

Les répertoires « onomasiologiques » (11), si utiles qu'ils soient, reposent sur des bases trop fragiles, pour ébranler le primat de l'ordre alphabétique. Si celui-ci a prévalu même dans le genre encyclopédique, c'est, on vient de le voir, parce que tout autre ordre est contestable ; c'est aussi et surtout parce que l'encyclopédie n'éduque plus, mais qu'elle informe. Cette information doit être fournie « à la demande », ce qui implique un rapport de consultation entre l'utilisateur et le livre, et non plus de lecture. Quand le modèle de communication massive s'instaure, la facilité de consultation l'emporte sur l'ordre assumé et sur l'homogénéité de l'exposé, mais les systèmes de renvois, les articles synthétiques ou une pluralité de présentations assortie de renvois et d'index (la dernière *Britannica*, par exemple) peuvent y remédier partiellement.

Les dictionnaires encyclopédiques, toujours arrangés alphabétiquement, sont plus hybrides par leur contenu, qu'ils aménagent selon le lexique naturel de la langue auquel s'ajoutent des noms propres (point commun entre eux et les encyclopédies alphabétiques).

III. — Le dictionnaire, l'encyclopédie et la langue

L' « interface ». — Le dictionnaire de langue est fondamentalement différent des autres ouvrages de référence. Unilingue, il doit tenter de maîtriser les structures lexicales d'une langue, et de décrire par des exemples ses structures syntaxiques par le fonctionnement des unités dans l'usage. Dans le cas des langues mortes, cet ensemble est clos et les usages décrits de la langue consi-

---

(11) « Onomasiologie », terme d'origine allemande, désigne la sémantique de la nomination, de la désignation, allant des objets et classes d'objets aux mots, par les notions ; elle s'oppose à la « sémasiologie », qui va du signe à ce qu'il signifie ; l'ensemble forme la sémantique. Sont onomasiologiques de nombreux ouvrages pédagogiques consacrés à l'enseignement des vocabulaires.

dérée ne sont par définition pas productifs (ex. : *Thesaurus linguae grecae* ou *latinae*). Dans les autres cas, il s'agit d'un système productif, incarné dans des possibilités sociales d'expression et d'échange, et défini soit philologiquement par un ensemble de discours cités, soit intuitivement et pragmatiquement. Un « dictionnaire de la langue française » publié en 1982 est alors un dictionnaire du lexique français fonctionnant activement et passivement, à un niveau social donné, en 1982, la « remontée dans le temps » se faisant en fonction du sentiment d'utilité sociale (en français, certains usages médiévaux, véhiculés par la littérature, la légende ou l'histoire, ont un intérêt linguistique actuel).

Cependant, le dictionnaire de langue est en relation de contiguïté et d'interpénétration avec le dictionnaire encyclopédique.

L' « interface » est dans ce cas la terminologie, et s'incarne dans la sémantique de la définition et des exemples. Entre la *définition* langagière pure, de nature morphologique et, pour les racines, de nature lexicologique (elle exprime, en théorie, les oppositions ou « valeurs » des unités dans les structures où elles fonctionnent), et la *description* encyclopédique, règne le domaine de la définition descriptive de notion, où l'objet défini est un terme inséré dans un système désignatif spécifique et organisé (pas forcément scientifique ou technique) et celui de la définition-description des « stéréotypes culturels », qui tente de transmettre le contenu sémantique de mots comme « cheval », « maison » ou « liberté ».

Là où l'encyclopédie, on l'a vu, place un développement dont l'objet est le concept ou la classe de choses correspondant au mot-étiquette, au titre de l'article (lequel est souvent un syntagme, le lexique ne fournissant pas toujours un mot simple), le dictionnaire tentera de commenter tous les mots du lexique, à un niveau empirique donné (en français, vocabulaire de 2 500 mots pour les jeunes enfants, de 20 000 mots pour les élèves, de 30 à 60 000 mots pour les dictionnaires généraux en un volume, de 100 000 mots — par exemple — pour un grand dictionnaire en plusieurs volumes). A chaque entrée, un texte caractérisera le mot dans son signifié (dictionnaire de langue) ou le concept auquel correspond ce signifié, filtré par la terminologie, laquelle reflète l'état des connaissances organisées (science, etc.).

Un exemple, choisi dans les substantifs concrets désignant des êtres naturels, éclairera les oppositions et illustrera leur éventuelle neutralisation. Ce sera, tout à fait au hasard, le mot *autruche*.

Dans un dictionnaire pédagogique destiné aux enfants, il n'est pas défini, mais situé par une hypéronymie (signifié plus général) qui le classe vaguement dans l'expérience :
« Autruche, n. f. L'AUTRUCHE *court très vite*, un très grand oiseau. »

Dans un dictionnaire de langue en un volume, la définition classe le mot par rapport au vocabulaire global, mais évite volontairement les caractérisations phénoménales, factuelles, et la description des caractères de l'objet ; en outre elle n'a pas à situer le terme dans une classification scientifique (taxinomie), ce qui serait indispensable en terminologie :
« Autruche, n. f. Oiseau coureur de grande taille, à ailes rudimentaires. »

Des exemples *(plumes d'autruche)*, des renvois (*autruche d'Amérique*, v. Nandou) complètent l'image culturelle qui, au-delà du fonctionnement linguistique du mot, le caractérise. Ce fonctionnement linguistique est présent par des emplois métaphoriques ou figurés *(estomac d'autruche, la politique de l'autruche)*, aussi importants pour le dictionnaire de langue que la signification première.

Un dictionnaire encyclopédique de dimension analogue (il s'agit ici d'ouvrages en un volume) aura une pratique très différente :
« Autruche, n. f. Oiseau ratite struthioniforme *(Struthio Camelus)*, le plus grand des oiseaux actuels (2,50 m de haut), incapable de voler mais très bon coureur (40 km/h) qui vit en bandes dans les savanes africaines et qu'on élève pour ses magnifiques plumes noires et blanches. »

L'apparition de la taxinomie zoologique, celle de données

factuelles chiffrées — qui ne sauraient appartenir à une définition « en langue » —, l'absence concomitante (ou la réduction) des emplois du mot ne coïncidant pas avec la notion définie (métaphores, emplois figurés, syntagmes fréquents...) opposent clairement les deux modèles.

Cependant, quand le dictionnaire de langue comporte des développements culturels, son souci de décrire l'usage du mot, ou de commenter les emplois observés en discours, le conduit souvent à inclure des éléments « encyclopédiques » dans ses définitions ; celles-ci deviennent alors des descriptions de « stéréotypes culturels » sous-jacents aux usages en langue (12).

Ainsi, l'autruche sera caractérisée « par sa grande taille, son long cou, ses ailes rudimentaires impropres au vol, sa rapidité à la course et sa voracité ». Une telle définition ne présente pas seulement des données factuelles (définitoires ou non), mais aussi des images culturelles, justifiées par les emplois observables du mot, non pas par l'observation de la réalité extra-linguistique. Dans notre exemple, la « voracité » est là pour amorcer les emplois du type : « un estomac d'autruche » (13).

Bien entendu, les problèmes seraient différents avec des substantifs abstraits, des verbes, des adjectifs. Pour ces mots, le dictionnaire de langue — à l'inverse de l'exemple ci-dessus — est en général plus informatif que le dictionnaire encyclopédique, car leur fonctionnement dans le discours permet de mieux les analyser qu'une description sémantique, les notions et les classes d'objets devenant de plus en plus inaccessibles. A la limite, les mots dits « grammaticaux » sont sacrifiés dans les descriptions encyclopédiques, où ils n'ont à la vérité rien à faire qu'à manifester la prétention à décrire le tout du vocabulaire.

Le dictionnaire bilingue. — Répondant à une finalité pratique très différente de celle des autres dictionnaires, le *dictionnaire bilingue* ne s'occupe que des signes du langage, mots du lexique et, éventuellement (et trop peu), noms propres notoires lorsque leur forme varie

(12) Voir notamment B. Fradin, J. Marandin, Autour de la définition : de la lexicographie à la sémantique, *Langue française*, n° 43, sept. 1979, p. 60 sq.
(13) Les dictionnaires utilisés sont, dans l'ordre, le *Nouveau Larousse des débutants*, le *Petit Robert*, le *Dictionnaire Hachette* et le *Trésor de la Langue française*.

(Antwerpen-Anvers ; Aachen - Aix-la-Chapelle ; Suomi-Finnland - Finlande, etc.) (14).

La plupart des dictionnaires bilingues sont contrastifs ; ils ne s'intéressent en fait qu'aux différences, notamment morphosémantiques (15). Cependant, de tels dictionnaires peuvent théoriquement décrire la structure lexicale complète d'une langue, considérée comme langue de départ, et y faire systématiquement correspondre celle d'une autre langue. Pour des raisons d'économie informationnelle, ce dernier type est surtout réservé aux mises en rapport de langues (et de cultures) très éloignées (par exemple français-japonais) ; cependant des éléments de la description interne d'une langue sont parfois intégrés à des dictionnaires essentiellement contrastifs.

En principe, le dictionnaire bilingue est double : pour deux langues A et B, on a effectivement deux listes : A vers B et B vers A. Mais cette description devrait être quadruple, dans l'optique contrastive : de A vers B, du point de vue structural de A ; de A vers B, du point de vue structural de B, etc. Il est vrai que deux descriptions internes, analogues à celles des dictionnaires unilingues, une de A et une de B, chacune avec des équivalences systématiques dans l'autre langue, donneraient les mêmes informations que les quatre mises en rapport requises, mais chacune de ces deux descriptions serait beaucoup plus « coûteuse » que la formule économique actuellement pratiquée. La difficulté est levée lorsque le modèle de communication du

(14) Souvent, l'identité graphique (Paris, New York, etc.) recouvre des problèmes phonétiques et des problèmes fonctionnels, tels que le genre en français.
(15) Il en va de même pour de nombreux dictionnaires spéciaux monolingues, dont l'objet est une variante géographique ou sociale : dictionnaires d'américanismes en anglais, d'argentinismes en espagnol ; mais ici c'est la nomenclature qui est différentielle et non le traitement.

dictionnaire est nettement orienté dans un sens (un dictionnaire néerlandais-anglais sert plus dans le sens « point de vue néerlandais », que ce soit pour le thème : néerlandais-anglais, ou pour la version : anglais-néerlandais), que dans les deux autres utilisations possibles : sa structure effective sera commandée par ce fait pragmatique.

Un apparent paradoxe doit être évoqué : alors que le dictionnaire bilingue ne concerne en général que les signes de la langue, et n'est pas encyclopédique, alors que la description terminologique (par exemple les vocabulaires techniques et scientifiques) est volontiers plurilingue, l'encyclopédie, qui est toujours unilingue, est toujours traduisible ou au moins adaptable en une autre langue, le dictionnaire de langue unilingue ne l'étant pas.

L'explication repose dans la relation entre la langue-objet et la métalangue. Dans le dictionnaire bilingue, chaque langue mise en rapport sert alternativement de métalangage à la langue d'arrivée ou langue-cible : ce métalangage est censé se confondre entièrement avec la langue naturelle utilisée. Dans le dictionnaire de nature terminologique, l'objet-signe est le nom d'un concept, et le métalangage peut indifféremment correspondre à quelque langue naturelle que ce soit, à condition que l'usage y ait assumé la dénomination des systèmes notionnels visés : ce métalangage, théoriquement interlinguistique, est donc par hypothèse central. Dans le dictionnaire de langue unilingue, le métalangage emprunte à la langue naturelle décrite (et parfois aux mêmes usages de cette langue, en synchronie) tous ses éléments, avec de légers codages spécifiques (discours définitionnel, etc. (16).

(16) Pour ces problèmes, voir de J. Rey-Debove, *Etude des dictionnaires français contemporains* et *Le métalangage* (Bibliographie).

Langue, métalangue, interlangue. — Dans l'encyclopédie, on l'a vu, c'est l'entrée et la nomenclature qui sont « hors langue » (des « titres », disait Diderot), le discours tenu à propos de ces entrées se prétendant en rapport avec les faits, les concepts et les êtres. Ce discours est tenu dans une langue naturelle quelconque, le français, le japonais — ce pourrait être le peul, le breton ou le patois morvandiau —, pour des raisons de simple communication : de là une traduisibilité absolue. De fait, les textes encyclopédiques se traduisent et s'adaptent : les dérivés du *Brockhaus* allemand sont aussi bien américains *(Encyclopaedia Americana)* que français, russe, hongrois ou italien... La situation est inverse pour le dictionnaire de langue, sauf à faire de la description interne d'une langue donnée le point de départ d'un bilingue d'un genre particulier (destiné aux utilisateurs de l'autre langue).

Et l'on retrouve ici l'opposition fondamentale entre *(a)* ouvrages de langue et *(b)* ouvrages encyclopédiques, entre *(a)* un discours métalinguistique enfermé dans les structures d'une langue et d'une culture ou un discours bilingue juxtaposant deux clôtures, et *(b)* un discours didactique destiné à rendre compte du monde, indépendamment du langage de description. Le premier discours est ficelé par le système de la langue qu'il décrit ; l'universel lui échappe, ainsi que l'ontologique ; il est conscient de ces limites, et son objet, induit d'un corpus de discours, est fondamentalement un observable. Au contraire, le second est fictivement libre de cette contrainte ; pourtant le discours descriptif et analytique qui lui permet de « parler des choses » est lui aussi enfermé (largement à son insu) dans les structures syntaxiques et sémantiques, notamment lexicales, de la langue de description. Son universalité est trompeuse, sa neutralité descriptive est un leurre : de très grands penseurs, à commencer par Aristote, s'y sont laissé prendre. En vérité, le dictionnaire de langue, avec ses étroites limites, est le *témoin* de toute connaissance : il borne et il critique la tentation ontologique et l'universalisme fictif qui guettent tout discours didactique, l'encyclopédisme en premier lieu.

Mais les grands dictionnaires « culturels » de la langue sont en fait presque aussi impurs que les dictionnaires encyclopédiques. Cette impureté ne saurait leur être reprochée, car elle vient des nécessités de la description. En effet, pour décrire le fonctionnement des unités de la langue dans l'usage social — son objectif très ambitieux —, le dictionnaire ne peut se contenter de maîtriser les relations de ces unités-signes entre elles, leur *syntaxe*. Il lui faut renseigner son lecteur non seulement sur leur nature formelle (prononciation, orthographe...) et sur leur comportement formel au niveau du syntagme (17) (constructions des verbes, place des adjectifs épithètes en français, etc.), mais aussi et surtout sur leur nature et sur leur comportement *sémantiques*. Lorsque syntaxe et sémantique se caractérisent ensemble pour opposer deux formes-sens (ex. : *un grand homme* vs. *un homme grand*), la tâche est praticable ; lorsqu'elles ne permettent pas de dégager des régularités, elle devient immense, et dépend du travail descriptif scientifique sur la langue, qui doit être préalable au dictionnaire, et ne l'est pas toujours (18). Une définition de dictionnaire, on l'a vu, entraîne l'apparition d'éléments non structuraux, virtuels, descriptifs d'habitudes culturelles ou de connaissances conceptualisées.

Le dictionnaire doit enfin donner des indications sur

---

(17) Les niveaux supérieurs au syntagme, phrase simple (parfois dite « nucléaire ») et surtout phrase complexe, dépassent le programme normal du dictionnaire de langue, à l'exception des phrases « codées », tels les proverbes.

(18) Pour le français, on commence, grâce notamment aux travaux de Maurice Gross et de son laboratoire, à disposer d'une bonne description syntacto-sémantique de la « grammaire lexique ».

les rapports entre les mots et ceux qui les emploient, c'est-à-dire aborder la *pragmatique*, domaine des actes de langage, des usages et des discours, et non plus du système fondamental que la théorie appelle la « langue » (ex. : les niveaux d'usage, les emplois jugés comme normaux ou aberrants, fautifs, abusifs, etc.).

Pour peu que le dictionnaire de langue soit extensif, fasse intervenir l'histoire des sens et des notions, les attitudes culturelles ou les témoignages d'emplois valorisés, qu'ils soient littéraires, scientifiques, techniques, didactiques, journalistiques..., son programme déborde amplement la description linguistique. Sans aucunement se confondre avec celui du dictionnaire encyclopédique, ce programme doit apporter une information abondante sur les usages et discours sociaux et sur leurs implications. Les attitudes éthiques, scientifiques, métaphysiques, idéologiques de la civilisation dont la langue est décrite, ses productions discursives passent à travers le filtre significatif du choix des mots, et peuvent se refléter ainsi dans les grands dictionnaires de la « langue » (19).

(19) Sur ce caractère nécessairement extra-linguistique des dictionnaires de langue « culturels » et sur les difficultés de méthode qu'il entraîne, par exemple dans le *Trésor de la langue française* ou le *Robert*, voir S. DELESALLE et A. REY (Bibliographie).

Chapitre III

TEXTE ET IMAGES

L'une des différences les plus évidentes entre dictionnaire de langue et encyclopédie est que la seconde, au moins de nos jours, est richement illustrée alors que le premier l'est discrètement ou ne l'est pas. Au texte imprimé s'articule un certain nombre de surfaces réservées qui portent un message « iconique ». La notion de signe iconique, empruntée à Peirce, dépasse celle d'illustration, car elle englobe les tableaux, schémas, certains aspects des langages formels et, finalement, la disposition matérielle du texte lorsqu'elle est signifiante (1).

En effet, tout comme une équation représente matériellement un rapport abstrait, un appareil typographique de titres et de sous-titres matérialise l'articulation et les hiérarchies du discours. Pour être arbitraire (« symbolique », chez Peirce) la relation entre un type de caractère typographique et un type d'information implique une visualisation qui reste parallèle à la clas-

_____

(1) L'*icone* est un signe où le rapport de signification se fonde sur les propriétés mêmes des objets auxquels renvoie le signe. Ainsi, la « ressemblance » entre une photo, un portrait et une personne ou son visage fonde la signifiance des premiers. D'autres signes reposent sur une convention arbitraire — ceux du langage, par exemple : ce sont des « symboles » ; d'autres encore sur une action physique reliant le signe à son objet, le second étant la cause du premier : Peirce les nomme « indices » (la girouette, qui signifie la direction du vent, est orientée par le vent). Mais il ne faut pas oublier que tout signe peut participer de plusieurs natures (la photo est à la fois iconique et indiciaire), et que d'autres classifications interfèrent avec cette « trichotomie ».

sification intellectuelle : le dictionnaire de langue utilise abondamment ce code. Cependant, pour le lecteur, les procédés typographiques font partie du texte. Les formules mathématiques, les partitions musicales, les tableaux de données démographiques ou économiques, etc., s'en distinguent à peine : tous ces éléments ont d'ailleurs une lisibilité partielle en langue naturelle (2).

L'illustration proprement dite commence avec la figure géométrique et le schéma scientifique, où les « ressemblances » avec le signifié sont encore abstraites et fortement codées. Avec le dessin industriel, le schéma technique ou la carte géographique, si la représentation conserve une grande part d'arbitraire, elle vise un objet sensible, concret. Lorsque ce concret est présenté par un procédé en partie illusionniste, dessin de contour, dessin ou peinture « réaliste », enfin photo (3), l'illustration fonctionne pleinement par homomorphie.

Dans l'ouvrage encyclopédique, cette illustration a une double fonction : didactique d'abord, elle doit ajouter au texte, dans ce qu'il ne peut décrire ou évoquer, une information complémentaire ; esthétique — de manière volontaire ou involontaire —, elle fait appel, par un mécanisme inévitable, à l'imaginaire et au plaisir. Barthes, à propos de l'*Encyclopédie* de Diderot, remarquait qu' « il n'y a pas une planche qui ne vibre bien au-delà de son propos démonstratif » (4). Cette vibration est en l'occurrence accrue par l'écart temporel qui fait percevoir le « style », mais toute image, en jouant entre le singulier qu'elle est forcée de présenter, et le

(2) Mais les premiers, linéaires, sont spontanément assimilés aux séquences, elles aussi linéaires, des signes du langage, alors qu'avec les tableaux, matrices..., on entre dans l'univers tabulaire, celui des surfaces dont la représentation iconique a en général besoin.
(3) Celle-ci est à la fois « icone » et « indice » (voir ci-dessus) car la ressemblance avec l'objet y provient d'une relation physique, causale (le choc des photons venant de l'objet vers la surface sensible) et non plus d'une technique gestuelle, comme la peinture.
(4) Cité par J. Proust, L'*Encyclopédie*, p. 175.

général qu'elle évoque « démonstrativement », nous fait rêver : en effet, le singulier, le phénomène est inépuisable et fait dériver le texte illustré.

Depuis les miniatures et les gravures sur bois jusqu'à la photogravure en couleurs en passant par la planche sur cuivre et sur acier, le pochoir, etc., toutes les techniques de figuration, à part la fresque et l'huile, ont dû être employées par les livres encyclopédiques. Les *Vies* de Varron sont déjà illustrées ; les *Origines* d'Isidore de Séville, au moins dans leurs versions tardives imprimées, comportent des gravures. L'histoire atteste un mouvement général des images, de plus en plus abondantes, vers et dans le texte. Au XVIIIᵉ siècle, les volumes de planches de l'*Encyclopédie* de Diderot sont entièrement séparés des volumes de texte. Il en résulte que ces planches sont en rapport direct, visuel, non avec le texte qu'elles illustrent, mais avec des nomenclatures, des terminologies et des commentaires spécifiques destinés à les faire « lire ». C'est bien le rôle de la « légende », qui atteste que le rapport texte suivi - illustration n'est pas direct. La légende s'apparente au titre et boucle le circuit sémiotique : la figure illustre le texte, mais un texte doit « nommer » la figure pour qu'elle s'y articule. Au XIXᵉ siècle, les grandes encyclopédies générales fonctionnent à l'aide de hors-texte et d'images in texte. Cette époque voit aussi la réapparition de la couleur, rare aux XVIIᵉ et XVIIIᵉ.

Bien entendu, la photographie révolutionne le livre illustré ; la photogravure en couleurs est un pas de plus vers la généralisation de la polychromie. Celle-ci, sous l'alibi du réalisme, joue un rôle majeur dans le rapport du texte à l'utilisateur.

Le texte reste primordial dans tous les ouvrages de référence élaborés (alors que certains ouvrages pédagogiques peuvent le subordonner à l'image, notamment lorsque la technique de lecture est imparfaitement maîtrisée : livres destinés aux enfants, aux personnes en cours d'alphabétisation), les images ayant pour fonction essentielle d'en améliorer les effets (compréhension, etc.). Le rapport entre ce texte et son « illustration » imagée n'est jamais simple. Une illustration doit mettre en valeur les traits pertinents de la chose représentée, ce qui est en elle essentiel et non accidentel. Dans la représentation du général, seuls la figure géométrique, le schéma et le dessin technique, parce qu'ils sont produits par des règles, retiennent ce qui est pertinent pour une classe d'objets, et éliminent ce qui est propre à sa « réplique » individuelle. Car les autres moyens, photo et dessin réaliste, introduisent des éléments singuliers et non pertinents. Il est impossible par ces moyens de représenter un chien qui résume tous les chiens ; impossible de représenter *le* chien ; l'image renverra forcément à un animal appartenant à une race particulière. Dans la représentation du singulier, le problème de l'identité vient se substituer à celui de la classe. Si le plan de Paris, produit à partir de règles, offre une structure utilisable pour figurer la totalité du contenu du nom « Paris », une photo de Paris cadrant (par exemple) la tour Eiffel, est, bien que symbolique, particulière par rapport à l'objet. De même un portrait de Napoléon varie-t-il avec l'époque de la vie du personnage (Napoléon y est-il encore Bonaparte ?). L'illustration iconique singulière fonctionne finalement comme un exemple, un échantillon.

La dialectique entre l'illustration informative et l'illustration d'agrément explique parfois les imperfections dans l'une ou l'autre des finalités. L'accord est exceptionnel : même les articles de peinture dans une encyclopédie en couleurs peuvent être illustrés de manière plutôt informative (étapes du style, etc.) ou plutôt plaisante (œuvres choisies pour leur popularité, leur facilité à être reproduites par la technique dont on dispose...).

A consulter des ouvrages anciens, on peut constater que le style graphique, plastique, chromatique, celui de la répartition entre texte et illustration varient considérablement selon les époques et les situations culturelles. Le même objet a des contenus esthétiques très différents selon les déchiffrages, même en faisant abstraction du fait que les images d'un même représenté évoluent : un tableau pompier, dans une encyclopédie de 1900, signifie toute autre chose que le même tableau dans un ouvrage publié aujourd'hui.

Les politiques d'illustration sont très variées ; leur application aux textes, même dans la même culture et au même moment, n'est jamais identique. Ainsi, dans trois ouvrages français actuels en un volume (5) les noms propres donnent lieu à des rencontres, mais aussi à des différences interprétables.

(5) Il s'agit du début de la lettre C dans le *Dictionnaire Hachette* (1980), le *Petit Larousse couleurs* (1981) et le *Petit Robert 2* (1979). Articles illustrés dans les trois dictionnaires : Le Caire, Jacques Callot, Calvin, Camus ; dans deux : Cachemire, Caen, Calder, Californie, Camargue, Cambridge, Cameroun... Articles auxquels un seul ouvrage consacre une image : golfe de Cabinda, Calvi *(Hachette)* ; Calcutta, Calderon, James Callaghan, Camoës, Campra *(Petit Larousse)* ; le peintre Cabanel, R. Caillois, Maria Callas, Cambridge, Mass., les peintres Camoin, Galeazzo Campi... *(Petit Robert 2)*.

La relation entre image et texte peut être très différente, et même renversée, dans certains ouvrages pédagogiques de langue. C'est depuis l'humaniste tchèque Comenius que l'on pratique le repérage iconique pour mettre en rapport les réalités distinguables du monde perceptible ou symbolique (êtres imaginaires) avec leurs désignations lexicales (essentiellement, noms substantifs et verbes). Dans le vocabulaire pédagogique, dans le dictionnaire par l'image tel qu'il est pratiqué notamment en Allemagne *(Duden)*, les figures n'illustrent pas un texte : elles établissent un support sensible à l'opération onomasiologique de désignation. Les typologies d'objets représentables sont ainsi mises en rapport avec les descriptions systématiques de vocabulaires, dans une optique pédagogique unilingue ou bilingue (6). Alors que, dans l'encyclopédie et le dictionnaire de langue, le texte ou le mot est premier, il arrive que le renvoi de l'image au nom transforme la première, d'illustration qu'elle est fondamentalement, en support de désignation : les planches de l'*Encyclopédie* de Diderot, les schémas des ouvrages modernes en fournissent maints exemples.

(6) On trouvera une analyse détaillée des ouvrages pédagogiques italiens du XIXe siècle, utilisant souvent l'imagerie, dans C. MARELLO, *Lessico ed educazione popolare*, Armando Armando, 1980.

DEUXIÈME PARTIE

L'HISTOIRE :
DU PROJET ENCYCLOPÉDIQUE
A L'ENCYCLOPÉDIE

De la constitution d'un discours additif, à prétention globale, parcourant la trajectoire du savoir à transmettre, jusqu'à la notion moderne d'encyclopédie, le chemin est long.

Avant le XVIIIe siècle, de très nombreux textes sont organisés sur le mode encyclopédique : dans ce sens large, les ensembles textuels participant du projet-fantasme signalé plus haut peuvent être dénommés « encyclopédies ».

C'est l'Antiquité latine, semble-t-il, qui inaugure le genre. Certes, le projet philosophique, et ceci dès les présocratiques (Démocrite, par exemple), contribue aux fondements. Les systèmes d'idées sur le monde et sur l'être humain, les réflexions sur la connaissance du premier par le second posent les conditions du savoir réglé, de son déploiement selon des thèmes et des domaines, de la différenciation des méthodes, de la classification des objets. Par ailleurs, la transmission des acquis d'un tel savoir fait l'objet de tentatives d'abord liées au discours littéraire, voire poétique (Hésiode, Lucrèce), tandis que l'histoire, dont l'organisation à la fois présupposée et imposée est le Temps, englobe cette transmission dans un type de discours extraordinairement actif, la narration.

Le processus s'articule à la transformation de la mémoire sociale, grâce à l'un des outils les plus géniaux dont l'humanité se soit pourvue, l'écriture. Non que le projet encyclopédique soit absent des sociétés sans écriture.

En effet, le mythe, avant la science, poursuit le discours-de-l'unité-du-monde. Il ordonne narrativement les conditions temporelles productives d'un état de choses présent. Mais l'écriture, en fixant la parole, la prive de ses vertus.

Le nom cesse d'être une essence et un pouvoir pour devenir un signe arbitraire. La magie cède toute la place aux techniques. Le mythe, attaqué par la fixation scripturaire ou assumé par le geste grammatical, perd ou transfère ses pouvoirs ; dans le premier cas, il doit se replier jusqu'au rôle ingrat de parasite du discours du réel. Le principe de plaisir cède et se réfugie en littérature. La mémoire sociale devient intégrative, et la connaissance, par essais et erreurs, tend à la maîtrise du monde : les sciences et l'histoire deviennent pensables.

Néanmoins, le *cycle* était déjà pensé, plus fortement, plus simplement, quand l'ordre mythique, joint à l'absence d'écriture, interdisait le déploiement historique.

Ainsi, la visée cyclique, présente dans toute représentation humaine du monde, se complique avec la mémorisation additive et avec la mutation du Temps. L'efficacité et le perfectionnement du savoir, étroitement liés, s'accroissent. Un symptôme majeur en est l'élaboration d'un discours synthétique et rationnel considéré comme « sage » *(philosophie)*. La philosophie naissante est une pédagogie : les leçons socratiques, les dialogues platoniciens proposent une stratégie de l'apprentissage, non pas du savoir, mais précisément de la sagesse. Rencontre spectaculaire des deux objectifs avec Aristote : la philosophie devient un monologue du savoir, plus autoritaire, peut-être moins sournois, dans l'art de « conduire » les esprits.

Enkyklios paideia, c'est l' « instruction systématique, cyclique ». Cette métaphore géométrique va plus loin qu'une organisation institutionnelle. L'idée d'un apprentissage « bouclé », ou pouvant l'être, repose sur l'hypothèse d'une totalisation possible par le discours, soit par généralisation (toute la philosophie), soit par reconnaissance de la finitude des objets connus et des discours de connaissance tenus sur ces objets : ambiguïté épistémologique essentielle.

Le triomphe du monothéisme dans le monde judaïque, chrétien et arabe fournira un fondement stable au déploiement englobant du connaissable. L'univers est circulaire, la perfection est ronde. L'objet est alors un créé, et la totalité des objets une création. De cette création un aspect nous échappe et fait l'objet du discours herméneutique de la théologie : les interprétations symboliques et unifiantes peuvent fleurir : à un moment de l'histoire des idées, le Monde est le signe du travail divin, le Livre écrit par la main toute-puissante et qu'il ne s'agit que de déchiffrer — en écrivant, bien entendu, de vrais livres. Un autre aspect de la création peut nous être montré soit par révélation, soit par appréhension humaine : savoir sacré ; savoir profane.

La basse latinité, Byzance, le Moyen Age occidental, la période qui succède à l'organisation culturelle de l'Islam vivent activement le projet encyclopédique. Les totalisations qui se succèdent en s'accroissant ne sont pas « scientifiques » : tous les présupposés y sont *donnés*, par l'autorité de la tradition, par le grand texte du passé : ce ne sont pas des hypothèses. L'observation est exceptionnelle et l'induction en est privée de pouvoir. La déduction est réservée à quelques domaines — ceux où des hypothèses libres sont possibles et licites (mathématiques, ou théories du langage et du sens, pourtant très surveillées par la théologie). La dynamique nécessaire à la constitution du savoir réglé, voire scientifique, est déjà en place, mais ses domaines d'activités sont réduits et sa pratique suppose un appareil protecteur, par articulation avec la vérité révélée. Que cet appareil soit négligé, et des mésaventures « galiléennes » se produisent.

La pédagogie et la didactique sont encore plus enfoncées dans l'histoire sociale et dans le politique. Ainsi, en Occident, le remède à l'analphabétisme est trouvé dans l'iconographie. La *Biblia pauperum* est feuilletée aux tympans et aux chapiteaux des églises romanes ; elle transcrit, interprète, transcende, trahit de diverses manières un corpus en langage dont le centre est la Bible. Situation typiquement encyclopédique. En Islam, un autre livre, le Coran, fonde la pédagogie par la voix comme par les formes graphiques : il est vocalisé et récité ; il décore les édifices. L'écriture prend alors valeur plastique et, au-delà, mystique, alors que le manuscrit occidental intègre à l'écriture la représentation figurale du monde. C'est pourquoi le thème du miroir et celui de l'image, avant celui du tableau, sont partout présents dans le projet encyclopédique médiéval, alors qu'en Islam on métaphorise surtout sur les richesses du savoir.

Chapitre Premier

L'ANTIQUITÉ ET LE HAUT MOYEN AGE

L'histoire de l'encyclopédie s'inscrit dans un tel cadre. Elle est bizarrement négligée par les encyclopédies mêmes, à l'exception notable de la *Britannica* et de l'*Einaudi*. Dans les ouvrages de référence français, l'entrée « Encyclopédie » est souvent consacrée à l'ouvrage, en effet majeur et central, de Diderot et d'Alembert, négligeant par dédain, crainte, modestie ou paranoïa l'arrière-plan historique mondial de l'activité dont, pourtant, ils relèvent.

Il est vrai que cette histoire, à de rares exceptions, semble concerner des compilations sans génie, des recueils de lieux communs vites périmés, des textes énormes et ennuyeux (1) voués à la répétition, à la citation directe ou honteuse, à la reproduction sociale, et non pas à l'édification des images culturelles. Derrière ces apparences statistiquement assurées, bien des textes cachent leur véritable importance. C'est essentiellement celle de l'intertextualité, car les encyclopédies empruntent, compilent et croisent leurs emprunts avec plus de naïveté, de clarté, que les autres discours. Ce discours rapporté et répercuté, essentiel à la pédagogie

---

(1) « Nous lûmes l'article [d'une encyclopédie] avec un certain soin. Le passage rappelé par Bioy était peut-être le seul surprenant. Le reste paraissait très vraisemblable, en rapport étroit avec le ton général de l'ouvrage et (cela va de soi) un peu ennuyeux » (BORGES, *Fictions*, p. 37).

du savoir partagé, au transfert, au maintien, aux modifications des idéologies, est en outre un discours « autonyme », qui se désigne lui-même dès qu'on l'extrait de son nouveau contexte, et participe ainsi du pouvoir poétique de tout objet langagier visé par un métalangage. Ce pouvoir se manifeste surtout avec l'écart culturel : le *Trésor* de Latini est métamorphosable en poème.

L'histoire du projet encyclopédique doit exclure les sommes philosophiques, puis théologiques, qui structurent de manière relativement nouvelle et compromettante les éléments rassemblés. Il ne sera question ici d'Aristote que pour rappeler que la connaissance, la perte ou l'altération partielle de cet énorme corpus, encyclopédique au sens le plus pur du terme, puis sa récupération progressive, largement due à l'Islam, a influé sur l'histoire des encyclopédies pendant deux millénaires. Très directement, les activités du Musée d'Alexandrie, celles des autres écoles grecques, notamment des Stoïciens, dépendent des visions unitaires issues du platonisme et de l'aristotélisme.

On peut mentionner ici l'œuvre de l'universel Poseidonios (Posidonius) au — IIe siècle, homme politique, voyageur, astronome, mathématicien, ethnologue à l'occasion, historien, « le dernier des grands philosophes « encyclopédistes » de l'hellénisme » (P. Grimal), et peut-être le premier des encyclopédistes tout court, avec Speusippos (— IVe siècle), ce mathématicien disciple de Platon : mais il ne reste pas grand-chose de leurs œuvres, dont la structure nous échappe.

A Rome, l'esprit encyclopédiste s'incarne chez Caton (— 234/— 149) dont les nombreux traités, de médecine, de droit, d'art militaire, d'agriculture, sont organisés selon une visée de morale politique, définissant l'objectif de l'encyclopédie non comme l'exposé des sciences, mais comme celui des *tekhnê*, des arts. Cet aspect éthique et pragmatique s'oppose à l'aspect théorique de la culture encyclopédique grecque. Cicéron tentera la conciliation, mais c'est Varron, à la fois plus théoricien et plus éclectique, qui produira vers — 50 la première œuvre que l'on puisse baptiser sans abus « encyclopédie ».

Dès Varron, les deux grands types d'ordonnancement se juxtaposent : exposé systématique dans un cadre organisé (les « arts ») ; exposé chronologique de nature narrative (histoire et biographies). S'y ajoute exemplairement un intérêt constant pour les signes du langage (le *De lingua latina*) qui autorise le projet complémentaire du dictionnaire, où il ne faut pas voir seulement la commodité d'un fourre-tout pour l'inclassable.

L'œuvre de Varron, en excluant sa partie littéraire, est à coup sûr encyclopédique : elle est partiellement perdue, mais on peut croire que les 45 livres des *Antiquitates rerum humanorum et divinarum*, les 9 livres des *Disciplinae*, concernant les neuf arts (plus tard réduits à sept : trivium et quadrivium) (2), les 3 livres des *Rusticae*, ainsi que les 15 livres d'un dictionnaire biographique illustré concernant 700 personnages grecs et romains *(Hebdomades vel imaginibus)* dessinent un ensemble capable de fonctionner comme corpus de référence global, et non seulement comme un texte autonome et personnel.

L'organisation interne des *Antiquitates*, que l'on a pu dénoncer comme artificielle : *a)* les hommes, les acteurs ; *b)* les lieux ; *c)* les temps ; *d)* les objets, révèle une unité de pensée : celle du linguiste. Comme la phrase, structure narrative élémentaire, l'histoire humaine est analysée selon ce que l'on appelle aujourd'hui un modèle actanciel. Il en va de même des *Antiquitates rerum divinarum*, qui étudient dans l'ordre : *a)* les célébrants (acteurs) ; *b)* les lieux de l'action ; *c)* ses moments ; *d)* ses modalités que nous dirions codées, les rites ; *e)* ses objets, les dieux. L'action envisagée est purement humaine ; c'est, par exemple, le culte. Le scepticisme

(2) 1. Grammatica (incluant la « littérature ») ; 2. Dialectica ; 3. Rhetorica ; 4. Geometria ; 5. Arithmetica ; 6. Astrologia (astronomie) ; 7. Musica (dans un sens très large : tous rapports et rythmes) ; 8. Medicina ; 9. Architectura.

humaniste de cette pensée est mieux révélé par cette organisation que par des réserves ponctuelles sur les croyances, réserves que tous les critiques ont notées.

A tous niveaux, la pensée de Varron est sémantique, sur le modèle de la langue : l'étymologie est bien pour lui « la vérité du discours et de la raison [logos] » : *verbum a veritate dictum*, proclame-t-elle : « « verbe » (notamment : mot) vient de vérité ». Et, on l'a vu, la structure syntactique est le modèle pour exposer l'activité de l'Homme. C'est chez Varron, parmi les innombrables réalisateurs d'encyclopédies et de dictionnaires, que le problème des mots, des notions et des choses, celui du discours et de l'action, est le plus fortement posé et résolu, sans doute trop facilement.

Pline l'Ancien (23-79) est l'auteur bien connu d'une *Histoire naturelle* en 37 livres reprenant scrupuleusement et avec une remarquable absence d'esprit critique la somme des traditions de connaissance de sa culture, reflétée par près de 500 auteurs soigneusement répertoriés (liv. I) : cet aspect bibliographique est fondamental. L'ordre de description est systématique : géographie (liv. 1-6), animaux, l'homme compris (7-11), plantes (12-19), médecine (20-32), métaux et pierres (33-37). La pédagogie s'y applique aux contenus des textes accessibles et oppose, sans le vouloir, l'encyclopédisme au projet scientifique. Mais la documentation réunie est impressionnante, dans sa diversité et son éclectisme. Comme chez Varron, des étymologies au sens cratylien fondent l'analyse des choses.

Il se dégage du texte plinien, à côté de naïvetés maintes fois dénoncées, un optimisme didactique qui en est l'avers et qui fonde le véritable esprit encyclopédiste. Vu par nous, le projet des philosophes du XVIIIe siècle, malgré les progrès de l'esprit critique, n'est pas fondamentalement différent.

L'importance historique de l'*Histoire naturelle*, en réalité « description *(historia)* de la nature », vient du fait accidentel de sa conservation, mais elle marque bien l'une de ces étapes où est enregistré le bilan des connaissances pour une transmission sociale.

Parmi les trop nombreux textes cumulatifs à vocation pédagogique, on doit sélectionner ceux qui ont été utilisés comme tels, qui ont été employés dans le didactisme, recopiés à des centaines d'exemplaires, mis sous presse aux débuts de l'imprimerie. Ces seuls critères font retenir comme représentatifs de l'encyclopédisme le *Satyricon* de Martianus Capella, qui allégorise en vers et en prose les sept arts libéraux, au ve siècle, ou encore l'œuvre de Cassiodore.

Après Pline, il faut signaler des recueils d'extraits aujourd'hui perdus, comme les *Prata* de Suétone, que l'on retrouvera sous forme de citations chez Isidore de Séville, ou des ouvrages d'érudition mondaine, tel le texte d'Aulu-Gelle intitulé les *Nuits attiques* ; ces compositions marquent le déclin de l'encyclopédisme latin.

Une exception, toutefois, avec Apulée (v. 125 - apr. 170), qui oriente le didactisme culturel vers la religiosité du mystère et le gnosticisme poétique, allégorique et mythologique.

Vers le début du ve siècle, la science aristotélicienne et la philosophie platonicienne semblent s'être dissoutes dans le goût des *mirabilia*, justifiant les critiques chrétiennes contre la *curiositas* profane, opposée à la profonde connaissance de la foi. La fin de l'encyclopédisme païen, qu'il faudrait d'ailleurs reconsidérer, car il amorce un baroquisme du savoir très fascinant, est atteint avec Martianus Capella et les *Saturnales* de Macrobe.

Le début d'un déploiement du savoir chrétien est exactement contemporain. Saint Augustin y joue un rôle majeur, définissant dans la *Doctrina christiana* un programme subordonné à la lecture du texte sacré, mais alimenté par la tradition philosophique grecque, surtout stoïcienne.

Avec Boèce, traducteur et commentateur d'Aristote, et avec Cassiodore, Augustin est à la source d'une nouvelle culture. Quant à l'esprit encyclopédiste, son projet est explicite :

« Certains auteurs se sont attachés à traduire séparément tous les termes et noms propres [... des Ecritures]. A leur exemple [...], si quelqu'un de ceux qui en sont capables se sentait le goût de consacrer généreusement son activité à l'utilité de ses frères, il pourrait fort bien noter tous les lieux géographiques, tous les animaux, arbres, pierres, métaux inconnus et tous les objets [...] mentionnés par les Ecritures, les classer par genres, les décrire un par un, et les consigner dans un écrit séparé » (3).

Augustin marque ainsi un rapport inversé entre texte et savoir. Il ne s'agit plus de mettre en ordre (et en morceaux) un univers de discours hétérogène, celui de la culture, mais d'analyser conceptuellement et factuellement un seul discours, indiscutable, fondateur, révélé. Limitatif et archaïque par son objet, ce programme est prémonitoire par sa nature même. L'une des vocations essentielles de l'encyclopédie lexicographique est bien d'extraire et d'organiser les structures profondes d'un texte, à commencer par sa terminologie, reflet matériel de sa conceptualisation. Appliqué à Hegel, à Marx ou à Freud, le projet augustinien aboutit au genre de produit analytique que le XXe siècle cherche à réaliser.

Dès le VIe siècle, le monde chrétien, occidental et oriental, peut tenter de présenter de manière relativement cohérente un corpus de doctrine et de savoir destiné à diffuser, et donc à sauvegarder, le culturalisme monastique. Flavius Magnus Aurelius Cassiodorus (490-v. 585), homme politique éminent, ministre de Théodoric, à la solde donc des rois ostrogoths, et moine conservateur de la culture romaine, en est le premier exemple. De ses œuvres hétéroclites et sans originalité, mais essentielles dans l'histoire de la transmission des idées, deux ou trois s'inscrivent à plein dans le projet encyclopédique : la *Chronica*, panégyrique des rois goths en figure d'histoire universelle, depuis Adam, l'*Historia gothica* — qui n'a survécu que par un médiocre abrégé — et surtout les *Institutiones divinarium et saecularium litterarum*, dont le titre est un programme. Le savoir profane y est en effet donné comme une clé pour la compréhension de la Bible. Ce savoir est « littéral », et la vocation de l'ouvrage, réunir les textes de toute nature permettant de comprendre le monde en rendant lisible le discours fondateur, cadrera le projet encyclopédique, au moins jusqu'à la Renaissance.

Trois quarts de siècles plus tard, dans un milieu géogra-

(3) *De Doctrina christiana*, liv. II (cité par J. FONTAINE, p. 530 : [Bibliographie]).

phique comparable, mais culturellement bien différent, l'Andalousie romanisée, en ce temps où les Vandales — le pays est alors nommé Vandalusia — préservent le dernier bastion de la culture romaine, en attendant de céder la place aux Arabes (4), l'archevêque de Séville, Isidore, accumule en une gigantesque compilation le savoir disponible de sa culture.

Les *Etymologiae* ou *Origines* révèlent plusieurs aspects essentiels du genre encyclopédique : l'intrication des mots et des choses (la vérité originelle du *logos* étant là, comme chez Varron, celle des choses) et l'identification de la vérité à l'histoire. L'ouvrage comprend 20 parties, divisées selon les sept arts libéraux, en 6 livres (5), puis selon une organisation hiérarchique qui mérite d'être évoquée. Dieu, les anges et les saints font l'objet du livre 7, l'Eglise et les sectes du 8e, la société, la famille et les langues sont traitées au livre 9, un dictionnaire alphabétique occupant le livre 10 : y sont relégués les signifiés de mots peu classables, et notamment les « qualités » exprimées par les adjectifs. Les livres 11 et 12 retrouvent les choses observables, les êtres du règne humain et du règne animal, la géographie occupe les livres 13 et 14 ; enfin, les livres 15 à 20 concernent les activités pratiques et les techniques, les plus humbles (nourriture, boisson, objets agricoles et domestiques, mobilier) tenant la dernière place (liv. 20). Cette articulation descendante, où les derniers ne sont pas appelés à être les premiers, court non seulement du divin au plus matériellement humain, mais aussi du théorique au pratique, du général au spécifique. On a remarqué la place éminente de l'homme en société et du langage dans cette organisation, et aussi la position médiane d'un dictionnaire. Isidore cadre toute considération de connaissances selon quatre catégories : la différence, l'étymologie, l'analogie et la glose. Si la seconde de ces catégories mène à confondre l'ordre des signes avec celui des choses — mais l'étymologie moderne ne sera pressentie qu'au XVIIIe siècle —, la première, la troisième et la quatrième proposent une structure que ne désavouerait pas la théorie lexicographique contemporaine.

Quoi qu'il en soit, les *Origines* eurent en leur temps un immense succès et circulèrent dans tout l'Occident. Des centaines de copies furent patiemment faites (on en connaît encore environ mille), des compilations ultérieures se basèrent sur elles.

---

(4) Isidore devient évêque de Séville en 600 ; c'est en 711 que débarquera Târiq, éponyme de Djebel Târiq, *alias* Gibraltar.
(5) Liv. 1 : Grammaire ; 2 : Rhétorique ; 3 : Quadrivium ; 4 : Médecine ; 5 : Droit ; 6 : Sciences sacrées : écriture, comput, liturgie.

L'une au moins a de l'importance. C'est le *De naturis rerum* en 22 livres de Hrabanus dit Maurus (Raban Maur), abbé de Fulda, archevêque de Mayence (780-856). Ce prélat reprit les *Origines* en les christianisant plus strictement, et en instituant dans l'ouvrage un ordre hiérarchique absolu, du Créateur unique à la multiplicité du Créé. Au-delà de la « nature des choses » et de la « propriété des termes » (l'étymologie), Raban voulait révéler la « signification spirituelle » du tout *(sed etiam de mystica eaundem rerum significatione)*. Passionnant pour l'historien des idées, stimulant pour le sémioticien, puisque Raban considère ici « toute chose » comme un signe, ce programme était culturellement restrictif et rétrograde ; Mais il est intéressant de constater que l'œuvre authentique d'Isidore — procurée après sa mort par Braulion — ne fut pas supplantée par son successeur et continua d'être appréciée jusqu'à la fin du Moyen Age, grâce à d'infatigables copistes, dans les couvents d'Espagne, puis d'Italie du Nord, de France, de Germanie et peut-être surtout d'Irlande.

La juxtaposition du systématisme et de l'histoire, mise au point par ces grands ouvrages, se poursuivra dans tout le haut Moyen Age, par exemple chez Bède le Vénérable qui écrit au début du VIIIe siècle un *De natura rerum* méthodique et un *Chronicon*.

Le Moyen Age oriental chrétien

La civilisation byzantine s'exprime comme indépendante du monde romain à partir du VIIe siècle. Coïncidant avec l'entrée en scène de l'Islam, la victoire d'Héraclius sur la Perse sassanide inaugure une période tendue. Du VIIe au IXe siècle, en effet, l'histoire byzantine est traversée par la crise iconoclaste. L'échec des iconoclastes modernistes, au milieu du IXe siècle, marque le début d'une époque tournée vers le passé culturel.

Ainsi Photius est l'auteur d'un *Lexicon* réunissant des termes tirés des textes grecs de l'Antiquité, et d'une *Bibliotheca* formée de 279 descriptions d'ouvrages, corpus irremplaçable d'auteurs grecs, chrétiens et profanes. Avec Arethas, évêque de Césarée, Photius est le garant d'un véritable conservatoire culturel.

C'est avec le basileus Constantin VII Porphyrogénète (906-959) qu'une activité en partie encyclopédique se développe. Les divers recueils attribués à l'empereur contribuent à célébrer la tradition pour une énergique propagande dynastique. Ils expriment une conception biographique, anecdotique et ritualiste de l'histoire, conçue comme discours de persuasion — et d'asservissement — politique. Le texte qui nous est parvenu est un étonnant pot-pourri où récits historiques et descriptions de rites, mémoires et notes diplomatiques sont cousus bout à bout. Peu importe à ce pragmatique, dont l'œuvre pourrait se résumer à cet exergue : « de l'histoire comme moyen de gouverner ».

C'est bien la raison d'être des *Excerpta*, vaste collection à peu près disparue en 53 sections, dont les éléments subsistants nous ont transmis de nombreux auteurs perdus. Loin de constituer une encyclopédie historique, il s'agit d'une « anti-histoire » (Paul Lemerle), où le morcellement détruit non seulement l'ordre chronologique, mais tout ratio au profit d'une démonstration éthique et politique. L'attribution par une tradition vigilante de cet ensemble, cumulatif plutôt qu'encyclopédique, à la personne impériale de Constantin VII manifeste d'ailleurs la nature éminemment politique de l'opération.

Alors qu'en Occident l'idéologie théologique imprègne tout discours didactique, mais autorise des oppositions et des choix reflétant des conflits, Byzance ne semble connaître que ce discours propagandiste, qu'il serait souvent intéressant de comparer, en matière encyclopédique, avec celui de la Chine, l'aspect anthologique au service de la persuasion y jouant un rôle comparable.

D'autres recueils byzantins de nature encyclopédique concernent des domaines spéciaux : agriculture (les *Géoponiques*, encore attribuées à l'empereur-polygraphe), art militaire, droit (les *Basiliques*), médecine (les *Iatrika*).

Tout ce savoir passéiste, additif, conservateur et dont le seul principe actif est la propagande d'un pouvoir absolu, était organisable formellement, pour une meilleure efficacité consultative. Le plus notoire des lexiques byzantins est celui que l'on a attribué à un imaginaire Suidas (6) et qui figure à une place éminente dans la protohistoire lexicographique.

(6) Edité en 5 volumes par Ada ADLER, Leipzig, 1928-1938.

Chapitre II

LE MOYEN AGE OCCIDENTAL

Après la « renaissance » carolingienne, marquée dans le domaine encyclopédique par l'œuvre de Raban Maur, il faut attendre le XIIe siècle, époque de grande activité intellectuelle, pour voir apparaître et se multiplier de nouvelles sommes didactiques. Ce sont, par exemple, en 1120 le *Liber floridus* de Lambert de Saint-Omer, puis, vers 1130, une description des techniques, *De diversis artibus*, et les premières « images du monde ».

Plus importants de beaucoup, le *Didascalicon* de Hugues, théologien à l'abbaye parisienne de Saint-Victor, le *Liber excerptionum* de son confrère Richard, composé de 1155 à 1160 environ, et le *Speculum universale* de Radulfus (Raoul) dit Ardens, l' « ardent ».

Le *Didascalicon* est une initiation encyclopédique, un système de lecture *(de studio legendi)* herméneutique. Quoi lire, dans quel ordre, et comment ? interroge ce manuel, qui intéresse l'encyclopédie par son esprit et par le classement des connaissances qu'il propose. Ce classement dépasse la tradition des sept arts libéraux et constitue un effort épistémologique neuf. La « philosophie » (science) est divisée en théorique, pratique, mécanique et logique ; la philosophie théorique, à son tour, englobe la théologie — en premier lieu comme il se doit —, puis la mathématique, qui comprend toute connaissance formalisable ou portant sur le quantitatif, domaine de l'intelligence abstraite. Ce vaste champ englobe non seulement les mathématiques au sens moderne, mais aussi la *musica*, science d'une immense extension, et l'astronomie. La *physica*, enfin, complète la philosophie théorique. La « philosophie pratique » est à la fois éthique, politique et économique. Les sept arts, qui protègent l'homme contre le milieu où il est condamné à vivre et lui permettent de subvenir aux nécessités de son organisme et d'assurer son équilibre, correspondent aux traditionnels arts libéraux. La philosophie logique enfin élargit le cadre du trivium à toute science et technique du langage. Cette subdivision ouvre la voie au travail encyclopédique des époques futures.

Pour l'étude des Ecritures, Hugues de Saint-Victor fonde l'exégèse sur l'*historia*, étude du sens littéral, qui doit précéder l'*allegoria*, étude des sens cachés, et la *tropologia*, étude des finalités morales. Sur ce point aussi, les bases du déchiffrement critique, nécessaires à l'encyclopédisme, sont dégagées (1).

Quant au *Liber excerptionum*, le livre des exemples, de Richard de Saint-Victor, c'est en fait un digeste de textes condensés, résumant le *Didascalicon*, le complétant par un résumé de géographie et d'histoire — emprunté à Hugues de Fleury — où le sacré est juxtaposé au profane, et même le païen au chrétien, avec une naïveté et des préjugés, par exemple antisémites, qui en font un témoin idéologique notable. L'histoire « moderne » y est centrée sur les Francs, négligeant à peu près le reste du monde.

Le *Speculum universale* (miroir universel) de Raoul, le prédicateur ardent, est beaucoup moins connu. Il apporte à la classification de Hugues des modifications et la met en rapport avec un programme moral : « La théorie remédie à l'état d'ignorance de l'esprit, l'éthique [*philosophia practica* chez Hugues] à l'iniquité de la volonté, la logique à la perte de l'éloquence *(ineloquencia)* et la mécanique à la misère » (J. Gründel, p. 556 ; voir Bibliographie). Chaque discipline prend deux aspects, théorique et pratique. Enfin, la théologie subit une réduction terminologique qui la rend homogène à la philosophie. L'analyse systématique des vertus et des vices, menée

(1) Sur Hugues de Saint-Victor, voir l'étude de Jean CHATILLON (Bibliographie).

selon un questionnaire, constitue l'ébauche d'une psychologie morale. Comme les précédentes, cette œuvre est plutôt une réflexion méthodologique et morale sur le savoir global qu'une encyclopédie ; son influence fut d'ailleurs faible, à la mesure d'une relative originalité.

A la même époque que ces ouvrages propédeutiques sont élaborées de petites encyclopédies pratiques, qui témoignent d'une évolution du modèle de communication. Ainsi, le *De naturis rerum* d'Alexander Neckham, vers 1200, joint à un exposé méthodique concis des considérations symboliques, et y mêle une anthologie. Un autre Anglais, Bartholomeus (dit Anglicus), compose à Paris, puis à Magdebourg (1230-1240 ?) un *De propriatibus rerum* plus étendu, selon un plan méthodique, de Dieu à l'âme, puis aux anges, de l'âme au corps, puis de l'univers et des astres aux quatre éléments en tant que milieux pour les êtres vivants, enfin à la Terre, objet d'une description géographique, minéralogique, biologique — végétaux et animaux étant ici les constituants d'une véritable biosphère ; l'étude des qualités sensibles et des substances qui les stimulent termine l'ouvrage.

L'œuvre de Bartholomeus, sans être majeure, importe en ce qu'elle fournit l'un des premiers exemples de didactisme encyclopédique efficace, bien adapté à un besoin social.

Ce type de travaux alterne, en cette époque prolifique, avec des textes plus théoriques. Quelques années avant le livre de Barthélemy l'Anglais, entre 1220 et 1230, un texte cherche au moyen d'extraits *(excerpta)* à réconcilier les influences platoniciennes et aristotéliciennes en un tableau scientifique du monde. Le *De finibus rerum naturalium* d'Arnauld « le Saxon » traduit un goût assez neuf pour les références scientifiques récentes à côté des classiques (Aristote, le *Timée*, Ptolémée pour l'astronomie).

Cette ouverture est moins nette chez Vincent de Beauvais, dont le *Speculum majus*, terminé en 1244, est en effet l'aventure encyclopédique majeure de l'époque. Sinon commandité — comme on l'a cru —, du moins apprécié par Saint Louis, qui le fit transcrire à ses frais, ce « miroir » fournit, selon son auteur, une image digne de l'attention contemplative *(speculatio)*. C'est en fait — et la métaphore est exploitable — une salle des miroirs, formée d'un miroir naturel, d'un miroir doctrinal et d'un miroir historique, auquel on a joint plus tard un miroir moral, compilation sur des textes de saint Thomas.

Le miroir naturel est ordonné selon la narration de la Genèse, en sept parties correspondant aux sept journées de la création : on y passe donc de la théologie (le Créateur, la nature de la création, les anges) à la physique (la lumière appartient au premier jour, l'astronomie au second), puis à tout ce qui concerne la terre habitable (des substances chimiques aux végétaux cultivés). Pour suivre le texte sacré, il faut alors revenir à l'astronomie et au comput, après quoi (5e et 6e jour) on aborde les sciences de la vie jusqu'à la psychologie humaine, avant de terminer par l'homme adamique et postadamique et par son milieu, que décrit la géographie (7e jour). L'ordre est donc entièrement narratif et soumis aux Ecritures ; son arbitraire apparent n'est qu'une difficulté à surmonter ; nul doute, dans l'esprit de Vincent, qu'il est de nature à révéler à la contemplation ce qu'un ordre profane et descriptif cacherait. En revanche, le miroir doctrinal est plus rationnel et suit la tradition : lettres (philosophie, arts du langage et logique compris), morale, y compris l'économie et le droit, mécanique et techniques, physique, mathématiques et théologie. On retrouve des rapprochements déjà pratiqués par Hugues de Saint-Victor ou Raoul Ardent, mais l'arrangement semble plus pragmatique et moins précis : de nombreuses redondances existent entre les deux parties. En outre, comme chez Isidore et avant lui Varron, l'ordre alphabétique est utilisé lorsqu'il s'agit d'expliquer des mots (glossaire grammatical) ou des termes (dictionnaires de botanique et de zoologie inclus dans la description). Le recours à cet ordre formel, en général considéré comme le fruit d'un sentiment de désordre ontologique ou d'un éclatement, pourrait bien refléter la perplexité devant un ordre secret, non précisé par la révélation, et pourtant présent dans les signes du langage.

L'ordonnance de l'ouvrage, enfin, est pragmatique dans un modèle d'utilisation. L'ordre de la Genèse est supposé aussi connu que l'alphabet. Le premier est divin, donc intégralement signifiant ; il est en outre temporel et peut être rendu homogène à l'ordre historique. Le second est dicté par la structure même du langage écrit, la *littera*, dont participent aussi les textes sacrés.

Le *Speculum majus* est une œuvre énorme et disproportionnée ; le miroir naturel comprend 3 718 chapitres, alors que le miroir historique, organisé selon les « six âges du monde », narre en 31 chapitres la totalité de l'histoire sacrée et profane. C'est en outre un trésor d'*excerpta*, incluant la Bible, les Pères, mais aussi Aristote, Sénèque, Pline... Chaque chapitre est un collage de citations référenciées et de commentaires mêlant la science aux légendes. Encore une fois, la crédulité naïve prêtée aux auteurs du temps y est moins à l'œuvre que le réseau des richesses allégoriques ainsi déployé. Pour l'encyclopédiste comme pour l'auteur de bestiaires, de lapidaires, etc., le dégagement des valeurs symboliques est beaucoup plus important que la description de l'observable, l'*historia*.

En effet, en ce qui concerne les techniques, domaine où le symbolique est secondaire, Vincent peut être très rationnel, très précis ; le quotidien et le familier ne se prêtent pas à la « contemplation » qui imprègne le déchiffrement du système du monde.

Le *Miroir* eut un grand succès : on en possède près de 80 manuscrits, et ce succès fut durable : imprimé, il eut six éditions, dont la dernière parut à Douai en 1624.

Après Vincent, le genre encyclopédique décline. On peut encore citer le *De naturis rerum* de Thomas de Cantimpré — non loin de Cambrai —, manuel relativement populaire centré sur la zoologie plinienne. Cependant, un ouvrage méthodique et épistémologique important, le *Compendium philo-*

sophiae anonyme rédigé vers 1300, amorce une évolution essentielle. C'est sans doute le premier travail d'interprétation du monde à s'écarter de la moralisation symbolique, au profit de la description objective. Le plan du traité est hiérarchique, de Dieu aux anges, au ciel, aux astres, puis à la terre ; viennent ensuite les créatures terrestres animées, selon les trois classes péripatéticiennes : végétatifs, sensibles (animaux) et « logiques » (rationnels-langagiers : l'humain). Un sixième livre expose la théorie de la connaissance selon Aristote ; il est suivi d'un livre de préceptes moraux. Trop « philosophique » pour apporter au public du temps un corpus accepté comme encyclopédique, trop hétéroclite pour constituer un manuel aristotélicien, ce *Compendium* reste à l'écart du courant général ; redécouvert par M. de Boüard, il nous importe cependant en ce qu'il marque l'épuration d'un exposé traditionnel médiéval, dans le sens d'une philosophie théologique éclectique.

L'esprit encyclopédique médiéval n'est pas seulement sensible dans les synthèses en latin. D'une part, tout un monde de Lapidaires (à commencer par celui de Marbode), de Bestiaires, de « Volucraires » (oiseaux), de Plantaires, de Computs, symbolisent et moralisent à plaisir sur les objets de la nature. Étrangers à l'aristotélisme, ouverts sur une vision symbolique qui verse souvent dans la « curiosité » profane des merveilles, ces œuvres proposent une pédagogie du plaisir et s'ouvrent à la poésie. Philippe de Thaon (*Comput*, *Bestiaire*, peut-être *Lapidaire*, vers 1115-1130) mêle poétiquement le fantastique à l'observable, en vers de six ou huit syllabes, dont la brièveté charmante tisse une figure allégorique du monde.

Ces œuvres, on l'a remarqué, abandonnent le latin, langue du savoir sacré et profane, pour la langue vulgaire, celle de l'imagination et du cœur. Un pas de plus est franchi lorsque l'encyclopédie générale se risque à ce nouveau discours. Le principal témoin en est l'Italien Brunetto Latini qui compose entre 1262 et 1268 son *Livre dou Tresor*, choisissant le français non seulement pour des raisons de goût, mais aussi pour mieux communiquer (le roman [le français] est « la parleure [la] plus commune a toutes gens »). Le souci de l'interlocuteur est partout visible dans l'ouvrage ; sans arrêt le texte insiste : « ci dist li maistres... », « sachiez que... », et se désigne lui-même comme narration : « li contes parole » ou « devise » que..., « li contes a dit ça arrière que... », etc. Ce « conte » se doit de rester « trésor » : tout savoir sans profit est écarté. Ainsi, à la fin de l'exposé sur les serpents, « se taist ores li contes a parler des serpens et de lor nature, et des vermines [...] et n'en devisera ores plus li contes, car se seroit une longue matiere sanz grant profit ».

Latini a divisé classiquement son trésor en « philosophie théorique », « logique » et « pratique ». La première expose la nature des choses et les quatre éléments (qui commandent toute cette partie), la création, la complexion de l'homme, la rondeur du monde, les météores et le firmament, les planètes, le soleil, la lune et le comput, puis décrit la Terre : *Aisie*, terre de légende, *Europe*, découpée administrativement en longues listes d'évêchés, et *Aufrique*. Après cet exposé méthodique, les animaux sont répartis en quatre groupes, où chaque rubrique suit un ordre vaguement alphabétique (plus ou moins celui des noms latins sous-jacents), avec des exceptions signifiantes (le lion en tête de son groupe). Le classement est fonction des éléments : en tête les animaux de l'eau (ces « peissons » incluent en effet le « cocodrille » et l' « ypotame »), serpents et dragons (animaux du feu), oiseaux (avec les abeilles : donc, animaux de l'air), enfin animaux terrestres à pattes (l' « olifant » y cotoie non sans intention le « formi »).

La seconde partie du *Trésor* traite du comportement humain et des règles de conduite : c'est la philosophie pratique et « logique » (langagière). La troisième reflète les intérêts personnels de Latini, diplomate italien très conscient de la supériorité des mœurs politiques de son pays. « La tierce partie dou Tresor est de fin or, ce est à dire qu'ele enseigne l'ome a parler selon la doctrine de rhétorique, et comment li sires doit governer les gens qui sont desoz lui, meesmement selon les us as Ytaliens. »

Ce texte profondément moralisant, tout empli de merveilles mais qui renonce à l'acharnement allégorique de certains contemporains (comme Philippe de Thaon) est en même temps un manuel de gouvernement, imprégné de conceptions politiques nouvelles, annonçant la Renaissance du xive siècle italien. Nourrie de sagesse antique (Sénèque, Cicéron), cette troisième partie décrit minutieusement les devoirs d'un chef de cité élu et s'achève par la description d'une fin de mandat annuel excluant toute tyrannie durable. La leçon de sagesse publique couronne l'enseignement sur le monde. Le jeu des analogies règne : les mœurs des « besainnes » (abeilles), image naturelle et anticipée des vertus privées (la chasteté) et politiques, annoncent au sein de la « philosophie théorique » les règles de la « philosophie pratique » applicable au gouvernement des hommes. L'ensemble est une leçon, donnée avec un sens constant et parfois poétique, du pouvoir des mots.

Chapitre III

L'ISLAM CLASSIQUE

C'est par impossibilité d'éviter un champ culturel essentiel, et non par illusion de pouvoir maîtriser la culture arabe, que l'on va proposer ici quelques données sur le méthodisme pédagogique incarné dans des projets peu ou prou encyclopédiques. Un essai de Charles Pellat (voir Bibliographie) a fourni le cadre et les informations de ce bref exposé (1).

Il faut d'abord dire que, pour la culture islamique, les sciences (*'ulûm*, sing. *'ilm*) sont essentiellement religieuses, et que la grammaire comme la lexicologie se sont développées brillamment, à la fois dans une perspective normalisante, pour permettre une meilleure compréhension du Coran (lequel contient des variantes dialectales, non comprises de tous les Arabes) et, probablement, pour garantir le texte du Coran, en danger d'être altéré par l'expansion de l'Islam en milieu non arabophone. Par ailleurs, les traditions du Prophète *(hadîth)*, par la recherche de la chaîne de transmission orale, fondent le genre biographique et l'histoire. Cependant, des connaissances allogènes, en provenance de Grèce, par le syriaque, de l'Inde ou de Perse, par le pehlvi et le sanscrit, fournissent le savoir mathématique, philosophique ou médical. Ces sciences d'origine non arabe, non religieuses, ne sont pas désignées par le mot *'ulûm*, mais par *ma'ârif* qui signifie « connaissances », ou encore, plus spécifiquement, par l'emprunt au grec *falsafia* (« philosophie »). Les Arabes joueront un rôle majeur dans le développement de ces connaissances et dans leur transmission

---

(1) Je remercie mes amis Abdelwahab Meddeb et Bassam Tahhan d'avoir bien voulu relire et améliorer ce chapitre, dont les imperfections proviennent entièrement de mes insuffisances.

aux autres peuples. L'*adab* constitue l'ensemble de ces connaissances profanes non techniques, les « humanités », si l'on veut. C'est le choix des informations nécessaires à une bonne culture générale et notamment à la formation des fonctionnaires et administrateurs (2). Comme à Byzance ou en Chine, la finalité de l'exposé encyclopédique est politique, mais avec infiniment plus d'éclectisme et de souplesse.

Le premier auteur arabe à être animé par l'esprit encyclopédiste (encore qu'il n'ait pas écrit de véritable encyclopédie) est Djâhiz, sectateur irakien mu'tazilite (les mu'tazilites fondaient la connaissance, même religieuse, en raison), auteur, au milieu du IXᵉ siècle, d'un vaste *Livre des animaux* qui utilise et critique Aristote et d'un répertoire critique de problèmes. Son ouvrage intitulé *Du rond et du carré* est, selon Charles Pellat son éditeur récent, un « embryon d'encyclopédie ». Il ouvre des voies fécondes à la culture arabe, autant par l'écriture, qui se déploie selon une composition digressive, que par un savoir ouvert, universel.

Mais l'ouverture d'esprit des mu'tazilites, d'abord utilisée par le pouvoir 'abbâside, est répudiée vers 850-860 au profit d'une orthodoxie plus stricte.

Ibn Qutayba (mort en 889) représente ce courant et se montre moins universellement curieux, plus pragmatique et plus pédagogue que son prédécesseur (3). Il est l'auteur de trois textes importants, un « manuel du secrétaire » *(Adab al-Katib)*, un livre des connaissances *(Kitâb al-Ma'ârif)*, consacré à l'histoire, et un traité plus encyclopédique, les *Uyûn al-akhbâr* (« essence des traditions »). Florilège de citations poétiques, programme

(2) Une encyclopédie du début du XVᵉ siècle traite sous l'*adab* la lexicographie et la morphologie — particulièrement fondamentale en arabe —, la grammaire, l'art du style, la rhétorique, la métrique poétique, la rime, la calligraphie, enfin la technique de lecture du Coran, et le distingue nettement des sciences de la loi et de ce que nous nommons « sciences ».
(3) Voir G. LECONTE, *Ibn Qutayba, l'homme, son œuvre, ses idées*, Damas, 1965 ; ID., *Le traité des divergences du hadîth d'Ibn Qutayba*, Damas, 1962.

71

pédagogique et moral, l'ouvrage marque sa destination et ses hiérarchies par son plan : 1) Le souverain... ; 2) La guerre ; 3) La grandeur en ce monde ; 4) Qualités et défauts ; 5) Rhétorique, art oratoire, conversation ; 6) Austérité et piété ; 7) Comment choisir ses amis ; 8) Comment parvenir à ses fins ; 9) Savoir-vivre à table ; 10) Les femmes.

Il s'agit, on le voit, d'un code culturel, terriblement compromettant à nos yeux et parfois scandaleux, s'il est déchiffré de l'extérieur ; pourtant, pour le spécialiste (A. Miquel) il s'agit d' « une construction parfaitement ordonnée qui répond aux angoisses d'une conscience musulmane désemparée... ». Cette construction rigide où, du souverain aux plaisirs de l'homme (mâle), tout être et tout comportement a sa place assignée est reprise et développée par le « collier » (*'Iqd*) de Ibn 'Abd Rabbih. Ce collier de chapitres centré sur la « pierre centrale » du discours fut composé dans le califat de Cordoue.

La même époque (ixe-xe siècle de l'ère chrétienne) voit fleurir, après celle d'Ibn Qutayba, d'autres histoires plus ou moins « universelles », celle de Ya'qûbi, les *Annales* de Tabarî ou l' « histoire du temps » de Mas'ûdî, dont un abrégé appelé les *Prairies d'or* signale l'importance.

C'est surtout l'œuvre de Fârâbi, l'Alfarabi des Occidentaux, qui marque un souci de cohérence épistémologique — au mépris de l'utilitarisme et du rigorisme orthodoxes — avec une petite encyclopédie aristotélicienne qui fut traduite en latin, notamment au xiie siècle, sous des noms divers (« jardin des sciences », etc.). Complémentaire de ce traité, les « clés des sciences » *(Mafâtîh al-'ulûm)* de Khawârizmi (mort en 976) sont surtout un dictionnaire terminologique englobant les domaines traités par Fârâbi, la loi islamique et ses dépendances. Khawârizmi utilise le terme d'*'ulûm* non plus pour désigner les sciences religieuses, mais pour toute connaissance scientifique. Son ouvrage comprend deux parties, l'une consacrée à l'*adab* (sciences humaines), c'est-à-dire à la jurisprudence, la théologie *(al kalam)*, la grammaire, l' « écriture » *(al kitâba)*, la poésie et l'histoire, l'autre concernant la philosophie (chap. 1), la logique (2), la médecine (3), la science du chiffre *('ilm al 'adad)* et la géométrie (4 et 5), l'astronomie (6), la musique (7), la mécanique *(al hiyal)* et la chimie (8 et 9) (d'après Brockelmann, *Geschischte der arabischen Literatur*, Weimar, 1898). Peut-être moins créatrice que l'œuvre de Djahîz, celle de Khawârizmi, à l'apogée scientifique arabe, correspond mieux au concept encyclopédique.

La plus complète et la plus méthodique des encyclopédies de l'Islam ancien est collective (4). C'est l'œuvre d'une société secrète réformiste shi'ite, soucieuse d'épurer et d'améliorer la loi religieuse *(sharî'a)* par sa réconciliation avec la philosophie grecque. Les *Ikhwân as-Safâ* (« Frères de la pureté ») ont élaboré anonymement une collection de 52 traités scientifiques, philosophiques, religieux et magiques, ordonnés de manière rationnelle, des mathématiques et de la logique aux sciences de la nature, puis à une métaphysique religieuse, enfin à la religion, puis à la magie. Une autre classification, plus complexe et plus fine, est d'ailleurs proposée à l'intérieur de l'encyclopédie. Le contenu de l'ouvrage était hétérodoxe, mais ne mettait nullement en cause la religion révélée, même s'il prend à son compte le principe néo-platonicien d'équivalence entre les croyances. Cette hétérodoxie, jointe à l'ésotérisme de la secte, limitait évidemment la portée sociale du texte. Par le retournement habituel des points de vue, le recueil des Ikhwân as-Safâ est aujourd'hui, en Occident, une des

(4) Voir Yves MARQUET, *La philosophie des Ikhwân as-Safâ.*

rares encyclopédies non européennes à être citée dans les plus brèves évocations du genre. Au point que Raymond Queneau écrivait que les Frères, « conscients du triple apport grec, persan et hindou, [ont tenté] une synthèse vaste et hardie qui fait d'eux les premiers encyclopédistes véritables » *(Présentation de l'Encyclopédie [de la Pléiade])*, et qu'Etiemble les voyait « annoncer Diderot » (*Universalis*, art. « Dictionnaire »).

A côté de ces œuvres, il faut signaler l'apport encyclopédique d'Al-Tawhîdî (927 ?-1023), auteur de nombreuses œuvres critiques, attaché aux problèmes de classification et de complémentarité des disciplines scientifiques (voir notamment les travaux de Marc Bergé et ses traductions).

Un siècle après les Frères, Ghazâli fournissait une contre-encyclopédie (qu'Etiemble pourrait comparer aux Trévoux) très orthodoxe, mais non négligeable. Son *Ihyâ' 'ulum ad-dîn* (« renaissance des sciences religieuses ») classe hiérarchiquement les connaissances selon leurs mérites. Mais ceci le conduit parfois à privilégier la raison, comme lorsqu'il écarte des sciences la magie. La philosophie, qui va de la géométrie aux sciences de la nature, est d'ailleurs mise à part et n'encourt pas les mêmes critiques que d'autres disciplines profanes. Ghazâli réhabilite les *soufis* et réconcilie la mystique avec l'orthodoxie ; s'il critique la *falsafia*, c'est avec une démarche philosophique qui s'en inspire (5).

A ces travaux encyclopédiques, il faut joindre les recueils biographiques, d'abord rangés par époques, puis alphabétiquement. Héritier d'une longue tradition, le grand *Dictionnaire des lettrés* de Yâqût (début XIIIe siècle), inclut tous les praticiens du langage. Le même auteur, un ancien esclave, compila aussi un vaste *Dictionnaire des pays*, comblant une lacune considérable. Ce dictionnaire fut si estimé qu'il fut complémenté et réédité au début du XXe siècle (Le Caire, 1906-1907) ;

c'est sans doute le record de longévité utilitaire pour un dictionnaire hors de Chine.

Enfin, on ne peut négliger, pour sa tendance encyclopédique, le très important domaine des dictionnaires terminologiques, comme le *Kitâb al-Ta'rifât* (« livre des définitions ») d'Al-Djurdjânî (1340-1413).

A partir du XIVᵉ siècle, c'est en Egypte que sont composés les principaux ouvrages de référence, comme celui de Nuwayrî (1279-1332) et ces « itinéraires du regard » poétiquement titrés, où Ibn Fadl Allâh al-'Umarî (mort en 1348) réunit histoire, dictionnaire géographique et anthologie poétique. Qalqashandî (mort en 1418) reprend dans le *Subh al-a'shâ* (« le matin (ou l'éveil) de celui qui ne voit que le jour (l'héméralope) ») le programme ancien de Nuwayrî pour un manuel du parfait scribe, avec plus d'ampleur et d'exigence, sans toutefois ajouter beaucoup au savoir des siècles passés. A côté de ce grand ouvrage, le *Mustatraf* (« nouveauté dans le genre spirituel ») de Ibshîhî s'apparente au « collier » d'Ibn Abd Rabbih : petite encyclopédie moralisante et édifiante du « bon savoir » pour le parfait musulman, en référence inlassable au passé fondateur, mais cherchant à embrasser de plus nombreuses connaissances que ses prédécesseurs.

Cependant, après les œuvres impressionnantes de Suyûti (1445-1505), auteur de 561 traités, la tradition encyclopédique islamique est en sommeil (sauf en Turquie) et l'on y utilise les références du passé, comme en matière de dictionnaire. La tradition bibliographique, inaugurée au Xᵉ siècle par Ibn-an Nadîm à Bagdad, résistera plus longtemps (Hâdjdji Khalifâ au XVIIᵉ siècle, en Turquie) ; le rôle de la référence bibliographique, dans toute culture fondée sur la tradition textuelle, est essentiel. Son rapport avec la réunion des données jugées essentielles au maintien de la tradition illustre, s'il en était besoin, le caractère intertextuel, anthologique et finalement autoritaire (autorisé par une « source ») du genre encyclopédique. L'Asie ancienne, la Chine notamment, confirme le fait.

L'Islam classique est une culture où l'ambition encyclopédique traverse tous les champs du savoir. Dans

(5) Voir H. LAOURT, *La politique de Ghazâli*, Paris, Geuthner, 1970 ; G. H. BOURQUET, *Ghazâli, Ihyâ' 'ulum ad-dîn* [...], édit. Max BESSON, Paris, 1955, et la traduction par F. JABRE d'*Al-Munqidh min Addalâl* (Beyrouth, Unesco, 1959).

chaque domaine, des œuvres monumentales combinent l'apport personnel d'un auteur et celui du discours valorisé, par d'importantes compilations. Chacun poursuit ainsi le fantasme du Livre parfait, indépassable, qui parachève et clôture. Tels en littérature le *Livre des chants* d'Isfahânî (mort en 967) ou, en mystique et en métaphysique, les *Futuhât* ou « conquêtes (spirituelles) » de l'Andalou Ibn' Arabi (1165-1240). Ce souci encyclopédique et globalisant n'est pas absent de la fameuse *Muqaddina* d'Ibn Khaldûn (1332-1406), grande synthèse sociohistorique et réflexion sur le pouvoir.

Enfin, il ne faut pas négliger l'important apport encyclopédique des grands dictionnaires de la langue arabe, ces *Lexicon* ouverts à l'accumulation culturelle par la prolifération des citations et au savoir géographique et historique par leur ouverture sur les noms propres (les toponymes). Les deux plus importants de ces dictionnaires, le *Qânûs* (littéralement « le fond de l'océan ») de Firuzabadî (mort en 1414) et le *Lisân* (« la langue des Arabes ») d'Ibn Manzûr (mort en 1311) demeurent à ce jour insurpassés.

CHAPITRE IV

L'ASIE ANCIENNE*

Le continent asiatique n'a pas ignoré les compositions didactiques totalisantes, et la principale activité en fut assumée par la Chine.

En Inde, il s'agit d'un type de recueils originaux, toujours religieux, rassemblant les connaissances indispensables à chaque doctrine et à chaque formation morale : hindoue, bouddhiste ou jaïn. Les *brahmana* en sont la forme la plus archaïque. Le genre didactique est donc religieux, poétique et légendaire : des traités variés sont intégrés au *Mahâbhârata*. De leur côté, les *Purâna*, récits mythico-historiques et rituels, comportent à l'occasion des connaissances scientifiques et techniques (*Agnipurâna*, par exemple).

D'autres traités concernent le « bon ordre » du monde et de la société, tout en exposant des connaissances utiles, comme le droit ou la médecine *(Dharma sâstra)*. Cette littérature composite est antérieure au Xe siècle, et Jean Filliozat (à qui j'emprunte ces quelques données) ne cite plus ensuite qu'un recueil religieux çivaïte, une encyclopédie technique par Samadeva (1129) et une autre compilation rituelle, au XIIIe siècle.

* Note sur les transcriptions. Dans ce chapitre, comme ailleurs dans cet ouvrage, le chinois est transcrit selon le système Wade-Giles, cette transcription anglaise — utilisée encore aujourd'hui par les ouvrages de référence occidentaux — étant plus parlante pour le lecteur (occidental) que le système pinyin, plus récent (1956), et adopté par les spécialistes. Ce système est plus abstrait parce qu'il a une visée universelle. Dans son utilisation courante (un journal comme Le Monde l'emploie), il conduit le profane à des prononciations aberrantes, par ignorance des équivalences. En outre, s'agissant de la Chine ancienne, les références dans les ouvrages classiques devraient être toutes retranscrites pour adaptation au pinyin, inconnu avant les années 1950, ce qui n'a pas paru nécessaire, les sinologues ayant l'habitude de cette opération.

L'activité encyclopédique redeviendra active en Inde vers la fin du XIXe siècle, sous l'influence du modèle occidental, évidemment anglais.

L'un des traits frappants des discours quasi encyclopédiques de l'Inde ancienne est qu'ils mêlent de manière indissoluble la narrativité imaginaire et réaliste et le didactisme moral, sous l'égide unifiante de grandes traditions mythico-religieuses. Enfin, cette activité n'est pas indépendante de l'importance capitale des théories de la parole, dans les mêmes cultures.

Paradoxalement, la Chine, moins riche en considérations théoriques sur le langage, est l'un des grands territoires de la lexicographie et de l'encyclopédisme. Mais l'exposé de ces domaines nous est rendu quasi impraticable par ignorance partagée d'une culture, d'une langue et d'une écriture qui nous transportent sur une autre planète (1).

En Chine donc, l'existence d'une écriture idéographique (à l'origine) et la structure même de la langue donnèrent aux recueils didactiques les plus anciens des caractères très spécifiques. Ces recueils — connus directement à partir du IIe siècle — sont construits sur une classification sémantique et mêlent des genres distincts en Occident, dictionnaire de langue et de noms propres, dictionnaire de concepts liés aux caractères, recueils anthologiques. Les textes prélevés et cités n'ont pas seulement une fonction de florilège, mais servent de repérages à des sens abstraits, car l'abstraction et certaines conceptualisations requérant un savoir textuel partagé ne sont pas directement productibles par un discours didactique original, qui resterait ambigu. La citation est à la fois illustrative (comme ailleurs) et culturelle, mais aussi constructive du concept visé, que

(1) Je dois à l'obligeance et au savoir de Philippe KANTOR — auteur du récent *Assimil* de chinois — l'utilisation de sources chinoises non traduites, parmi lesquelles il faut signaler un « dictionnaire des dictionnaires », le *Wen-shih-che kungchü shu chien chieh* ou recueil explicatif des ouvrages de références [« livres-outils », en chinois : Kungchü shu], publié à Nankin en 1980. Cependant, ce chapitre est surtout tributaire de l'étude de Wolfgang BAUER (Bibliographie).

le repérage lexical seul est impuissant à déterminer.

L'encyclopédie et le dictionnaire chinois sont construits d'après la nature de l'écriture. A la différence des langues alphabétisées où le discours encyclopédique a le choix entre un arrangement entièrement sémantique (indépendant de la structure formelle du lexique) et un arrangement d'origine phonétique, le chinois supporte et favorise divers arrangements du sens liés aux caractères, qui sont, à la différence des lettres, des signes symboliques. Le graphisme chinois conduit naturellement à un classement catégoriel, mais n'exclut pas un arrangement formel, qui peut être phonétique. Ceci, au prix de difficultés, notamment à cause des nombreux emprunts culturels du bouddhisme (au sanscrit), l'écriture devant alors intégrer des formes, et non plus des signifiés. Les dictionnaires procèdent alors par finales (*yün* : rimes) ou, beaucoup plus rarement, par syllabes initiales (*tzu-mu* : « mère des mots »). L'apparition d'un tel ordre date des VIᵉ et VIIᵉ siècles, et le nombre de *yün* envisagés, fort variable (206 originellement, 76 au XVIᵉ siècle), est relativement faible. L'analyse des caractères complexes qui sont les plus fréquents, en un élément phonétique et un élément idéographique, permet un arrangement par « radicaux » de signification et selon des ressemblances graphiques (éléments constitutifs ou « clés »). Enfin, depuis le début du XVIIᵉ siècle (le *Tzu-hui*, 1615), on peut arranger les caractères selon leur production, leur encodage, et non plus leur lecture (décodage) : c'est l'apprentissage du système graphique lui-même qui fournit le code du dictionnaire par un système de traits qui va du plus simple (un coup de pinceau) au plus complexe, pouvant comporter douze ou quatorze traits.

Les types de classement sont donc nombreux, par la phonétique, par radicaux (clés), par nombre de traits, on l'a vu, mais aussi par séquence ordonnée de traits (ordre et nature des traits), par codage numérique enfin (méthode dite « des quatre coins »). Aucun de ces systèmes, employé seul, ne permet une distribution utilisable : ainsi, les idéogrammes comportant un nombre donné de traits sont nombreux et doivent être subdivisés selon les clés.

Indépendamment de cette typologie des ouvrages par système de classification des données, typologie propre à la culture chinoise, toute l'organisation des encyclopédies et dictionnaires chinois est très différente de celle qui a cours en Occident. Ainsi la notion de *lei shu* (« livre-classification ») recouvre traditionnellement les encyclopédies ou *pai k'e ch'üan shu* (« livre exhaustif des cent domaines »), les ouvrages encyclopédiques spéciaux (y compris les dictionnaires étymologiques) et les recueils dynastiques. Elle est opposée au dictionnaire d'idéogrammes *(t'zu shu)*. La catégorie plus récente et très générale des « livres-outils » *(kungshü shu)*, comprenant tous les ouvrages de référence, est subdivisée par la lexicologie chinoise moderne en :

a) dictionnaires d'idéogrammes ; *b)* dictionnaires de mots ; *c)* encyclopédies ; *d)* annuaires et histoires dynastiques ; *e)* index (fort importants du fait de la pluralité des systèmes de classement) ; *f)* recueils d'articles ; *g)* sommaires et « abstracts » ; *h)* cartographie.

Pour certains, la notion traditionnelle de *lei shu* est conservée et considérée à part. La science et la pratique dites *t'zu shu* (lexicologie et lexicographie) concernent évidemment les dictionnaires d'idéogrammes et de mots, mais aussi les encyclopédies générales et tous les dictionnaires spécialisés (de langue et encyclopédiques). On voit que dans ces taxinomies la praxis domine la théorie, mais aussi que, sur le plan théorique, le concept d' « écrit » d' « unité graphique » (formelle et sémantique) l'emporte sur celui de « signe linguistique fonctionnel », opposé aux autres données, qui articule l'analyse occidentale.

L'histoire du genre lexico-encyclopédique en Chine est très ancienne. Dès les « Royaumes combattants » (— 722 à — 481) apparaissent les premiers recueils de caractères *(tzu shu)*, tandis que sous l'empereur Chou hsüan Wang (— 827 à — 781) un « recueil de lectures historiques » compilait les événements survenus sous ce règne. D'autres annales historiques se rédigent, notamment à partir des Han (— 206 à 220), puis pour chaque dynastie, jusqu'à ce que Ch'ien Lung, au xviiie siècle, érige en corpus officiel les *Vingt-quatre histoires dynastiques (Erh-shih Szu Shih)*.

Parmi les ouvrages les plus anciens traitant les idéogrammes et les mots, il faut signaler à la fin du Ier siècle de l'ère chrétienne, le *Shuo wen chieh tzu*, qui classe sous 540 clés plus de 9 000 idéogrammes, donnant leur sens et leur origine ; c'est l'un des premiers dictionnaires étymologiques connus. A l'époque des Trois Royaumes (220-280), une innovation importante prend place, le classement phonétique des idéogrammes dans le *Sheng lei* de Wei Liteng.

Du côté encyclopédique, la grande référence ancienne est le *Erh-ya*, rédigé sous les Han (— IIe siècle) et attribué par la tradition à une époque beaucoup plus ancienne, sinon à Confucius lui-même. Comme pour tout recueil chinois ancien, l'arrangement par « catégorie » donne à ce dictionnaire un tour encyclopédique. Son arrangement interne (Bauer, *op. cit.*) est pour nous étonnant : 1) explication d'expressions ; 2) définitions de concepts ; 3) explication de mots ; 4) degrés de relation, et, à partir de 5), des classes d'objets allant des « bâtiments » aux « animaux domestiques ». Tout ici est lexical, ce qui n'est pas classable par catégorie expérimentale ou perceptive étant analysé par les abstractions sémantiques initiales, lesquelles proviennent de l'écriture. Mais si le classement est encyclopédique, le contenu est celui d'un dictionnaire, presque d'un glossaire. Le premier ouvrage de référence développé est, comme en Occident, appelé « miroir ». Le *Huang, lan*, « miroir pour l'empereur », rédigé vers 220, a disparu et la première « encyclopédie » conservée est, au viie siècle, le *Pien-chu*, sorte de manuel anthologique. L'apparition de ce type d'ouvrages est institutionnelle : elle dépend des examens organisés pour éliminer l'aristocratie héréditaire, et qui sélectionnèrent pendant des siècles les administrateurs, jusqu'aux rangs les plus élevés.

Ainsi, Yü Shih-nan (558-638) composa un ouvrage didactique où le matériel est rangé en 19 catégories, dont les premières sont réglées par la politique (empereur, princes, impératrice, gouvernement, droit pénal, hiérarchies nobiliaires...), mais qui couvre l'essentiel des informations culturelles et quelques éléments scientifiques. Il s'agit encore, comme pour la plupart des ouvrages de la période T'ang, d'une anthologie. Les deux ouvrages les plus appréciés dans le genre, à cette époque, furent le *I-wen lei-chü* (« recueil d'art et de littérature par catégorie ») du début du VIIᵉ siècle et un bref recueil d' « écrits pour l'instruction élémentaire » du début du VIIIᵉ siècle. Un indice du prestige de ces compilations est fourni par le fait que le grand poète Po Chü-i (772-846) ne dédaigna pas d'en composer un.

A la même époque (VIIᵉ siècle) apparaissent des ouvrages lexicographiques développés, rangés par syllabes finales *(yün)*, comme le *T'ang yün* de Sun Mien, avec plus de 26 000 entrées. Toujours sous les T'ang, des encyclopédies « politiques » décrivent l'organisation de l'Etat, l'administration et les connaissances jugées nécessaires au bon administrateur. Ces ouvrages seraient à comparer avec les manuels du secrétaire qui fleurirent un peu plus tard en Islam.

A partir de la période Sung (960-1280) la Chine semble se concentrer sur elle-même et choyer sa culture, envisagée surtout comme une bibliothèque, un conservatoire : le confucianisme triomphe, les empereurs visent l'unité du pays, culturelle autant que politique. Ainsi Sung T'ai-tsung, qui règne de 976 à 998, fait composer sous la direction de Li Fang le *T'ai-p'ing yü lan*, comportant une vaste bibliographie de près de 1 700 titres, 1 000 chapitres encyclopédiques et une énorme table classant le contenu en 55 catégories. L'ouvrage est complémenté par un recueil de sujets moins nobles, mais appréciés et plus significatifs pour le sociologue ou le folkloriste (croyances populaires).

C'est encore un empereur, Chen-tsung, qui fait rédiger par 15 lettrés le *Ts'e-fu yüan-kwei* (1013), nouvelle « encyclopédie gouvernementale », destiné à fournir un corpus de références politiques et morales.

Au XIIIᵉ siècle, Ma Tuan-lin, avec ses « recherches complètes des documents littéraires » *(Wen-hsien t'ung-k'ao)*, améliore le genre anthologique par des commentaires critiques — ce qui n'était pas d'usage, le principe d'autorité excluant même parfois toute référence. Cependant, à la même époque, les encyclopédies modifient leurs programmes pour se conformer aux réformes pédagogiques : les recueils historiques se développent (« Ecrits sur l'origine des choses », *Shih-wu chi-yüan*, de K'ao Ch'eng, à la fin du XIᵉ siècle) et les bibliographies se renouvellent (« L'océan de jade », *Yü-hai*, de Wang Ying-lin, mort en 1296, est particulièrement apprécié).

Sous les Ming, pour des raisons historiques (on a parlé de « brutalisation » de la politique), les travaux privés se raréfient ; en revanche, un empereur, Ch'eng Tsu, commande et fait réaliser au début du XVᵉ siècle le plus grand recueil encyclopédique de l'histoire humaine. Seul l'aspect anthologique du « grand recueil de littérature et de loi sacrée » *(Wen-hsien ta-ch'eng)* peut en expliquer les proportions.

Commandé aux membres de l'académie Hanlin, ce « vaste ouvrage [...] rassemblerait l'ensemble des connaissances » en astronomie, médecine, divination, religion, arts et techniques, en ce qui concerne le Yin et le Yang, etc. En moins de deux ans (1403-1404) une première version était achevée. L'empereur la trouva trop succincte et ordonna à Yao Kuang-hsiao d'en reprendre la rédaction ; une énorme équipe de 2 100 rédacteurs fut constituée et, en 1408, sixième année du règne Yung-le (nom de règne de Ch'eng Tsu), l'immense texte appelé *Yung-le ta tien* (« grand dictionnaire de Yung-le ») était achevé. Il s'agit en fait d'une véritable bibliothèque systématique, auprès de laquelle les plus énormes compilations occidentales font figure de livres de poche. Un monstre de plus de 11 000 volumes, de 22 817 chapitres (2) ! L'arrangement, à la différence des encyclopédies antérieures, n'est pas systématique, mais phonétique, en 76 syllabes finales sous lesquelles sont rangées les entrées. Achevé en 1409, ce diplodocus de la faune lexicographique était voué à la mort. Recopiée deux fois au XVIᵉ siècle, la collection se perdit et ses restes (900 volumes, 2 000 chapitres) volèrent en cendres lors de la guerre des Boxers. Cependant, de nombreuses parties en avaient été empruntées et imprimées dans d'autres ouvrages, au XVIIIᵉ siècle et 714 chapitres préservés ont été reproduits à Taipei et à Pékin. W. Bauer explique ce triste sort et l'indifférence des XVIIIᵉ et XIXᵉ siècles à l'égard de cette compilation par l'inconsultabilité du classement formel et par l'existence d'une nouvelle encyclopédie plus raisonnable.

Le *Ku chin t'hu shu chi-ch'eng*, « compilation impériale des Temps anciens et modernes » fut publié en 1725 à l'instigation de l'empereur Ch'ing Yung Ch'eng (1723-1735). Abandonnant l'ordre phonétique, ce texte de plus de 850 000 pages est organisé de manière systématique en 6 109 unités de traite-

(2) Chacun correspondant à un idéogramme, ceux-ci étant classés par clés.

ment. Le plan d'ensemble va des « phénomènes célestes » à l' « industrie », en passant par la géographie, la politique et les relations sociales, les sciences naturelles et les techniques, la littérature, enfin les systèmes humains codés, institutions, système des examens, économie, mais aussi certains arts, considérés avant tout comme des pratiques sociales utiles à l'équilibre politique (musique, par exemple). Les citations placées sous chaque entrée sont classées en catégories hiérarchisées, des textes confucéens les plus orthodoxes aux anecdotes et contes populaires, prenant donc essentiellement en compte la source du discours et sa valeur sociale.

Cette encyclopédie avait été précédée par le vaste répertoire d'idéogrammes appelé *K'hang-hsi tzu tien*, rédigé de 1710 à 1716 sous l'empereur Ch'ing K'hang-hsi (49 030 idéogrammes) ; c'est elle, avec un remarquable dictionnaire littéraire de Chang Yü-shu, le *P'ei-wen yün-fu* (« magasin de mots classés par rimes »), qui fit connaître en Occident la lexicographie chinoise (3). Celle-ci, après une période de sommeil, renaîtra au début du XXe siècle après la première révolution.

(3) Ce dictionnaire est le seul ouvrage non occidental qu'analyse Pierre LAROUSSE dans la préface de son *Grand Dictionnaire*, à sa manière cocassement naïve : « Le *Grand Dictionnaire* [le sien], écrit-il, ne s'attendait pas à trouver un tel concurrent dans l'Empire du Milieu, et surtout composé par un fils du ciel. Mais ce qui est de nature à nous consoler, c'est que probablement le Païwen-yun-fou ne donne pas, comme nous, à ses lecteurs chinois, une traduction de toutes les locutions latines... » Ce qui étonne le plus le bon Larousse, c'est l'intérêt impérial porté au dictionnaire par « Khang-hi [Khang-hsi], le plus grand des empereurs et peut-être des savants que la Chine ait possédé ». Et pan pour Napoléon III !

CHAPITRE V

LA MUTATION OCCIDENTALE

I. — La Renaissance

Il est sans doute licite, comme le fait Foucault dans *Les mots et les choses*, d'extraire et d'exalter, dans l'« épistémé » du XVIe siècle, le système des « similitudes » qui organisent la « prose du monde ». L'effondrement progressif des constructions hiérarchiques médiévales, garanties par une théologie toute-puissante, semble en effet, en multipliant les contacts sans intermédiaires textuels avec le réel, en libérant l'imaginaire et l'inimaginable, confier ce réel, ses monstres et ses merveilles, à la seule écriture des choses.

Mais le savoir et, on l'a vu, l'encyclopédisme du Moyen Age, succédant à l'Antiquité païenne sans la répudier, n'avaient pas cessé de célébrer les ressemblances, « convenances », « émulations », « analogies » et « sympathies », qui construisent, selon Foucault, le savoir du XVIe siècle. Depuis des siècles, par exemple chez Vincent de Beauvais, la lecture des « signatures », la contemplation et le déchiffrement des figures du monde unissent intimement la Bible et le Livre des choses.

En outre, la critique de cette épistémologie n'a pas attendu le XVIIe siècle et Bacon. Dès les XIVe et XVe siècles, le renouveau du discours chroniqueur rend l'histoire moderne possible ; la prose rationnelle en langue moderne donne à la critique d'idées son pouvoir social (Calvin) ; l'humanisme philologique et moral (en

Italie d'abord, puis avec Erasme et Budé) instaure de nouvelles références (1). L'observation et l'expérience, rapport non métalinguistique du sujet de connaissance à ses objets, se disent et s'écrivent surtout à partir de cette époque. Déjà, d'Italie et d'Europe du Nord, l'art plastique médiéval, d'essence narrative, est compromis par la construction géométrale d'un espace nouveau. En un mot, on assiste à une redistribution complète du narratif et du discours épistémique, puis didactique.

La Renaissance, et notamment le XVIe siècle, est le théâtre d'un combat entre les structures du passé, partagées en partie avec la fin du Moyen Age, et celles que le XVIIe siècle, les ayant repensées, mettra en place. L'absence d'encyclopédies en Occident entre le XVe et le XVIIe siècle correspond à cette lutte. Produit décalé des constructions de connaissances, l'encyclopédie, avant la requête urgente de la communication sociale (qui apparaît surtout au XVIIIe et au XIXe siècles), ne s'accommode guère des situations indécises. Elle sait conserver, au besoin adapter ou enrichir ; elle n'a pas appris à réformer, encore moins à révolutionner. Pourtant, le travail encyclopédique et son discours se poursuivent, mais Pierre Belon, par exemple, dont les ouvrages sur le monde animal (poissons et oiseaux) relèvent de l'ordre analogique, celui du passé, est contemporain de Bernard Palissy ou d'Ambroise Paré, pionniers de la vulgarisation scientifique.

De même, si la bibliographie et la pédagogie se renouvellent — préludes indispensables à une mutation

---

(1) Dans la lexicographie occidentale, ce sont les grands dictionnaires grecs et latins, à commencer par le premier ouvrage d'Ambrogio CALEPINO (1502) qui inaugurent la technique de description des dictionnaires unilingues. Paradoxalement, les « calepins » s'orienteront vers le plurilinguisme, alors que les dictionnaires unilingues des langues modernes mettront assez longtemps à rattraper leurs modèles consacrés aux langues anciennes.

encyclopédique — c'est souvent de manière ambiguë.

Chez Rabelais par exemple, dont on a vu qu'il était le premier en France à employer le mot « encyclopédie », le programme pédagogique ne peut probablement pas être lu sans tenir compte d'un écart, celui de la dérision critique. L'accumulation baroque des études et exercices pantagruéliens, la lettre pompeuse de Gargantua à son rejeton (sans cesse donnée aux élèves français comme modèle assumé et indiscutable d'un idéal moral) doivent être déchiffrés en leur place, entre l'extravagante bibliothèque de Saint-Victor et les prouesses comiquement babéliennes des escholiers. Ils doivent être considérés sans qu'on oublie, par exemple, le signe donné par le jeune Gargantua à son père Grandgousier de son « esperit merveilleux », qui n'est autre que la mirifique invention, parmi les arts libéraux, d'un art libéré, celui du torchecul. Tout est sérieux chez Rabelais, à condition de savoir en rire. Le programme encyclopédique de Gargantua serait d'ailleurs ultra-banal par additivité (il n'écarte guère que l'astrologie et l' « art de Lullus ») sans son caractère follement cumulatif (« toutes disciplines sont restituées » ; on étudie « tous les oiseaux de l'air, tous les arbres, arbustes et fructices des foretz, toutes les herbes de la terre, tous les métaux... »). Dans sa sécheresse peu rabelaisienne, l'encyclopédie de maître François additionne tout uniment les dictionnaires de langue (c'est sa plus grande modernité, d'ailleurs implicite et limitée, car, à part l'arabe, il n'y a d'essentiel que les langues mortes : latin, grec, hébreu et « chaldaïque »), l'exposé d'histoire et celui de géographie, les arts libéraux, l'astronomie, le droit civil, l'étude des « faits de nature », la médecine et la « parfaite cognoissance de l'autre monde, qui est l'homme », enfin les Saintes Ecritures. On peut voir là, plutôt qu'un programme triomphal et praticable, un regard ironique et attendri sur les utopies partagées.

II. — Le tournant du dix-septième siècle

Les bases du genre encyclopédique sont affermies et profondément modifiées au début du XVIIe siècle. Certes, des précurseurs comme Llull avaient posé le problème du rapport entre savoir encyclopédique et structure logique virtuelle du langage, problème que va reprendre Leibniz. Mais c'est à partir du renouveau de l'épistémologie, surtout avec Francis Bacon (1561-1629), et de la réflexion didacticienne du Tchèque Komensky (Comenius, 1592-1670) que l'on peut s'interroger sur l'organisation du « cycle » du savoir et sur sa transmission pédagogique. Bacon a réparti les sciences selon les « facultés » humaines. Coménius construit un système d'éducation universelle, la « pansophia ». Par ailleurs, il révolutionne la pédagogie des langues et du lexique par l'utilisation de l'image.

C'est au moment où la classification du savoir réglé, sciences et techniques, échappe à l'ordre dicté par la théologie et par les « ressemblances » pour entrer dans l'ordre scientifique, devenant l' « épistémologie », que cet arrangement nouveau devient inexploitable pour le didactisme. L'encyclopédisme reflète l'état de la science, avec retard, et redoute la science vivante. Il a besoin d'un ordre, rationnel peut-être, mais surtout stable. Or, par définition, l'ordre scientifique est instable, discutable, alors que le didactisme est par nature — et toujours momentanément — indiscutable.

Voilà pourquoi, sans aller jusqu'à dire avec Queneau que « les encyclopédies semblent être le fruit de civilisations finissantes », il faut les envisager dans une hésitation insoluble entre un passé transformable en didactisme et un présent qui le compromet. Au XVIIe siècle, le genre ne peut qu'hésiter entre deux visions du monde.

Bacon influence directement l'ouvrage encyclopédique d'Antonio Zara, l'*Anatomia ingeniorum et scientiarum* (1614) qui, après un discours sur la dignité de l'homme, expose les techniques de l'imagination (la *poetry* de Bacon) au nombre de 16, puis celles de l'intellect (il y en a 8), enfin les 12 sciences de la mémoire (l'histoire).

Plus archaïque, mais plus efficacement inscrite dans le modèle social de l'encyclopédie, l'œuvre d'Alstedius, Johann Heinrich Alsted, appelée enfin *Encyclopaedia* (1630), classe les connaissances en 7 séries *(septem tomis distincta)* commençant par les présupposés et la philologie, divisant la « philosophie » en deux branches, théorique et pratique, donnant à la théologie, à la jurisprudence et à la médecine le statut de techniques supérieures, et rejetant les arts mécaniques (nos techniques) et les disciplines inclassables *(Farragines disciplinarium)* avec l'histoire et la magie, dans deux ultimes catégories. Cette œuvre marque l'un des grands moments du courant « pansophiste », reprise de la pensée lullienne par les humanistes (Vives, Ramus, Giorgio Valla). Alsted avait commenté Llull, Comenius fut le disciple d'Alsted ; tous deux seront médités par Leibniz.

Mais les succès d'édition de ce temps furent surtout des dictionnaires de noms propres, réunissant alphabétiquement, sans angoisses classificatoires, l'un des éléments de l'information encyclopédique.

En France, le *Dictionarium historicum ac poëticum* de Charles Estienne (1553), témoin du programme humaniste, fut enrichi et augmenté tout au long du XVIIᵉ siècle, jusqu'à l'édition d'Oxford (1670) ; la version francisée et très imparfaite de Juigné-Broissinière (*Dictionnaire théologique, géographique, poétique, cosmographique et chronologique*, 1644) eut 12 éditions en moins de trente ans, ce qui atteste suffisamment la fortune d'un « produit ».

L'élément factuel, événementiel et chronologique de l'ensemble encyclopédique moderne est mis au point en même temps que son élément terminologique et conceptuel, en même temps que la lexicographie unilingue aussi, entre 1670 et 1700 (avec des anticipations pour la lexicographie). Et un autre facteur important, concernant l'appréciation de l'information transmise par les textes et l'apparition du discours critique préparé par Erasme ou par Calvin, est apporté à la même époque. Trois noms, en France, marquent cette évolution et préparent la floraison encyclopédique du XVIIIᵉ siècle : Moréri, Furetière, Bayle.

Le *Grand Dictionnaire historique, ou le mélange curieux de l'histoire sacrée et profane* de Louis Moréri, parut en 1674.

Il répondait si bien à un besoin culturel qu'il donna lieu à 20 éditions, la dernière étant développée du volume in-folio initial à 10 volumes (1759), et qu'il fut adapté en anglais (par Jeremy Collier), en allemand, en néerlandais et en espagnol. C'est le premier dictionnaire de noms propres de conception moderne, joignant biographies et descriptions géographiques ou textuelles (grands livres, notamment les livres sacrés) arrangés alphabétiquement. Dans la mesure où les biographies consacrées aux auteurs contiennent aussi des données sur les œuvres, le dictionnaire de Moréri s'approche de près de la formule du dictionnaire moderne. Négligeant les problèmes posés par la désignation des concepts, il applique aux faits, au singulier, le discours narratif et descriptif second qui s'appuie sur l'érudition, sur la philologie, sur les textes accumulés par la tradition, menant son enquête, après les premières éditions, jusqu'à l'époque contemporaine.

Cependant, ce recours indispensable aux textes antérieurs, lorsqu'il n'est pas corrigé par l'expérience critique, présente l'inconvénient, décelé et dénoncé au XVIIᵉ siècle, de véhiculer les erreurs du passé dues aux textes mêmes ou encore — cette critique herméneutique est moins dangereuse — à ses interprétations.

Aussi Pierre Bayle pensa-t-il corriger, sans en altérer la nature, le dictionnaire de Moréri. Mais, soit que l'édition procurée par Le Clerc en 1691 (en 4 vol.) lui ait parue suffisamment améliorée, soit que son ambition se soit accrue, il rédigea de manière nouvelle son *Dictionnaire historique et critique* (2). Bayle est conscient de l'opposition qui doit exister entre la description des mots, des concepts et des classes de choses — il avait admirablement préfacé le dictionnaire de Furetière en 1690 — et, d'autre part, celle des faits et événements singuliers. Parmi ceux-ci, il s'en tient aux noms propres de personnes, mythiques et historiques, et leur applique un double discours : essentiellement narratif dans le corps de l'article ; critique et philolo-

---

(2) Rotterdam, 2 vol., 1697 ; amplifié à 3 vol. par BAYLE lui-même en 1702, puis, après sa mort, mais d'après ses manuscrits, à 4 vol. en 1720. — Voir l'ouvrage de P. RÉTAT (Bibliographie).

gique dans l'impressionnant corpus de notes — elles-mêmes assorties d'un troisième niveau de références —, qui forme l'essentiel de sa novation.

Bayle fait entrer la critique textuelle, inaugurée au XVIe siècle par l'humanisme, dans le projet encyclopédique, en attendant que Diderot et d'Alembert y fassent entrer la polémique, mais aussi l'observation et l'esprit scientifiques. L'explicitation des sources, leur confrontation assortie de jugements de valeur, annonce la grande mutation du XVIIIe siècle.

Celle-ci était aussi préparée par Furetière, à la fois lexicographe, descripteur des signes du lexique, et terminologue, ne répugnant pas à des développements encyclopédiques. Furetière, tout en procurant au français, en concurrence avec l'Académie, sa première description globale (1690), plus ambitieuse que celle de Richelet (1680), plus ouverte, moins normative que celle de l'Académie, inaugure dans un dictionnaire strictement alphabétique les développements factuels, les références textuelles récentes, les discussions sur la valeur des informations scientifiques qui vont renouveler le discours de l'encyclopédie.

Cependant, Bayle échappe au didactisme, que respecte en général Furetière, par la teneur de son ouvrage : nomenclature largement arbitraire, où figurent de simples prétextes à discours critique, où les lacunes et les disproportions sont innombrables, surtout en ce qui concerne le passé récent. Enfin, dans le riche système de notes, s'exprime une idéologie anti-orthodoxe, sceptique, dira-t-on : les encyclopédistes du XVIIIe sauront s'en souvenir.

Alors que les dictionnaires de noms propres, Moréri, puis Bayle, connaissent traductions et adaptations (pour Bayle en anglais et en allemand, de 1709 au milieu du siècle) la partie « encyclopédique » du Furetière ou le *Dictionnaire des arts et des sciences* de Thomas Corneille

(1694), élaboré pour l'Académie française, étaient trop soumis aux structures d'une langue particulière pour être influents hors de France (3).

III. — L'ère moderne à ses débuts : le dix-huitième siècle

Avec Ephraïm Chambers s'ouvre l'ère moderne de l'encyclopédie et le passage du projet d'exposé global, plus ou moins théologique, puis philosophique, à un programme didactique plus systématique et plus précisément utilitaire. Ce passage se fait au XVIIIe siècle au sein d'une intense lutte d'idées. Par ailleurs, le destin éditorial brillant de l'ouvrage de référence maniable, lié à ce même didactisme pragmatique, se dessine en Allemagne à la même époque.

Outre son autodéfinition par le titre *(Cyclopaedia, or an Universal Dictionary of Arts and Sciences)*, le travail de Chambers, qui paraît en 1728, a le mérite d'une explicitation franche. Basé comme chez Bacon sur le classement des « facultés » sensibles, imaginatives et raisonnables, l'ouvrage subdivise le savoir en naturel et scientifique (et en sensible ou rationnel) et en artificiel et technique. La répartition des trois classes d'activités, connaissances d'observation liées à la perception, à la « sensibilité », grammaire et poésie à l'imagination, sciences exactes et techniques à la raison, produisent 47 domaines, les critères de classement permettant d'organiser un système de renvois capable de reconstituer, en dépit du morcellement de l'exposé, un arrangement d'ensemble.

(3) Faute de place, on ne peut que signaler ici les œuvres de Johan Jacob Hofman (un *Lexicon latin*, 1677-1683), d'Etienne Chauvin (*Lexicon rationale*, 1692), de John Harris *(Lexicon technicum)*, ou la série des dictionnaires des jésuites de Trévoux, augmentations encyclopédiques du Furetière et concurrents des « encyclopédistes ».

La *Cyclopaedia* élimine les noms propres, mais traite les systèmes de pensée issus d'un auteur (par exemple *Cartesian*) ; elle comprend des articles synthétiques correspondant aux noms des sciences et des techniques ; elle utilise les définitions des meilleurs ouvrages récents (l'Académie italienne, Furetière, l'Académie française, Trévoux) et les analyses de Chauvin et de Harris. Elle expose avec un désir visible d'objectivité les oppositions de concepts entre écoles, pour un même terme.

Son importance est donc considérable et fut immédiatement ressentie. L'ouvrage fut publié 8 fois au Royaume-Uni, avant d'être repris dans une vaste expansion (Rees) ; il fut traduit en italien (Venise, 1748-1749) et surtout en français, par John Mills et l'Allemand G. Sellius. Cette traduction ne fut jamais publiée, mais, par la grâce de l'éditeur Le Breton, devint le germe de l'*Encyclopédie* de Diderot.

Dans le même temps, le courant encyclopédiste gagne une grande partie de l'Europe. En Allemagne, la tentation universaliste et cumulative gagne l'éditeur Johann Heinrich Zedler, qui publie en 64 volumes un *Grosses Vollständiges Universal Lexicon* (1732-1750), immédiatement suivi par un supplément dont 4 volumes seulement purent paraître. L'érudition y est considérable et la topographie, la généalogie s'ajoutent aux domaines traditionnellement traités. En outre, les biographies des notoriétés vivantes sont intégrées en cours de route, ce qui constitue une innovation remarquable. L'ouvrage est collectif : de ses neuf responsables, la plupart ne sont pas identifiés. Cet anonymat (absolu ou relatif) deviendra plus tard une caractéristique du genre.

L'Italie, grâce à Gianfrancesco Pivati, secrétaire de l'Académie vénitienne des Sciences, se dote d'un *Nuovo dizionario scientifico e curioso* en 10 volumes illustrés de planches (1746-1751). C'est, avec la traduction italienne de Chambers, la première encyclopédie générale dans un pays latin.

L'Allemagne encore, à l'initiative de l'éditeur Johann Hübner (1668-1731), met au point la mini-encyclopédie sous le nom de *Lexicon*. Le *Reales Staats und Zeitunglexicon* (1704) est destiné à aider les lecteurs de gazettes. Souvent réédité, il fut le point de départ d'une série thématique. Le succès lui suscite des concurrents, tels le lexique biographique de Mencke (1715) et ses expansions (*Allgemeines Gelehrtlexicon* en 10 volumes de Jöcher, 1750) ou, sur le plan des terminologies, le *Philosophisches Lexicon* de Johann Georg Walch (1726), précédé par l'*Allgemeines Lexicon der Künste und Wissenschaften* de Johann Jablonski (1721). Ainsi, noms propres et terminologies font séparément l'objet de répertoires maniables, destinés à un type de public déterminé. Ce genre d'ouvrages fera fortune au XIXe siècle.

Mais le renouveau encyclopédique de l'âge classique ne se marque pas seulement par la publication de dictionnaires et d'ouvrages généraux. Si le projet de l'encyclopédie requiert l'universalité, l'attitude et le discours qui le caractérisent s'expriment aussi par les descriptions spécialisées. Certaines ont joué un rôle important dans le développement du genre. Des textes comme le *Dictionnaire œconomique* de Noël Chomel (1709) ou surtout le *Dictionnaire universel de commerce* de Savary-Desbrulons (1723-1730) apporteront aux Encyclopédistes sinon une méthode, du moins un exemple d'information contrôlée appliquée à des réalités contemporaines. Il en va de même pour les premiers grands ouvrages techniques, depuis le *De re metallica* de Georg Agricola (1556) jusqu'aux « théâtres de machines », en passant par le *Traité de l'art métallique* de l'Espagnol Barba, les *Opera philosophica et mineralia* du Suédois Swedenborg, les traités allemands et français sur le bois, la charpenterie ou le vitrail, anglais sur l'acier (Lister, 1693) ou les travaux du P. Plumier (*L'art de tourner*, 1701) et tant d'autres. Depuis la Renaissance (songeons à Vinci) on est fasciné par les machines, on les décrit. Les ouvrages de Ramelli (*Le diverse e artificiose machine...*, 1588) ou de l'Allemand Leupold (Leipzig, 1724) mettent en scène — ce sont bien des « théâtres » — l'ingéniosité humaine.

Cependant, le discours technique des traités, comme la polygraphie galopante, alimentée par l'activité des Académies, ainsi que le développement de la presse ou l'apparition d'enseignements que nous dirions « techniques » (4) renforcent l'éclatement des domaines et du traitement de l'information.

Le projet encyclopédique risque d'y perdre toute cohérence : c'est l'activité philosophique, et précisément épistémologique, qui peut la lui rendre. Après Bacon, ce sont probablement Locke et Leibniz qui sont le plus présents par leur influence. Dans l'*Essai sur l'entendement humain*, le projet d'un dictionnaire est intimement lié à la théorie des idées. Ce n'est pas un projet

---

(4) Sur tous ces points, et sur leur importance, ainsi que sur le rôle de la franc-maçonnerie dans la genèse de l'*Encyclopédie*, voir J. PROUST, *L'encyclopédie*, chap. I.

encyclopédique, mais terminologique : il s'agirait d'élaborer un corpus de définitions analytiques, décelant dans les « substances », les « idées simples » constitutives des « idées complexes », elles-mêmes liées à l'usage plus ou moins vicieux des mots. Il s'agit bien pour Locke d'un dictionnaire rendant compte de la nature des choses, qu'il faut substituer à ceux qui décrivent les propriétés des mots dans la communication, mais non pas d'une somme exposant l'état des connaissances. Plutôt d'un outil méthodologique, incluant d'ailleurs l'illustration par l'image, servant de court-circuit descriptif et de témoin pour le bien-fondé des analyses définitionnelles. Les vues de d'Alembert et de Diderot seront évidemment très influencées par ces indications ; elles le seront aussi, mais avec de graves ambiguïtés, par Leibniz.

Chez le plus grand épistémologue de son temps, l'idée d'une encyclopédie n'a que des rapports lointains avec celle d'un livre concret prétendant parcourir le cycle de l'enseignement. Comme chez Hegel plus tard, l'encyclopédie est chez Leibniz un outil, un *organon* pour un projet grandiose : celui de la langue universelle. L'encyclopédie, dans ce projet, est indissolublement liée à la « caractéristique », à une « langue des calculs », afin de produire un reflet de la pensée, transcendant les langues naturelles particulières.

Loin d'accepter une classification du type baconien, celle qui inspirera l'*Encyclopédie* de Diderot, Leibniz se fonde sur l'hypothèse de l'unicité des connaissances et, s'il oppose l'analyse (par le signe, le « caractère ») à la synthèse (par leur combinatoire : calcul, raisonnement, discours) pour des arrangements possibles des connaissances, il trouve un compromis et une unité dans la notion lexicaliste d'un répertoire de signes (plutôt que d'un « alphabet », car leur nature non arbitraire en ferait des hiéroglyphes ou des idéogrammes).

C'est pourquoi l'accord de Leibniz à l'idée d'une encyclopédie alphabétique regroupant à l'aide des signes-mots (5) les « vérités » de la pensée a bien peu à voir avec l'approbation d'un arrangement formel destructeur de tout autre arrangement et, faute d'une organisation préalable, fauteur de désordre et de lacunes.

Pour Leibniz comme pour Locke, l'encyclopédie concrète serait une manière de terminologie universelle capable de détruire le hiatus babélien entre discourir (dans une langue particulière) et raisonner et de substituer à ces discours grammaticaux (où l'épistémologie classique s'acharne à décaper le raisonnement pur) des opérations, des calculs.

Les philosophes français et leur « Encyclopédie »

Ouvrage majeur à tous égards, l'*Encyclopédie* accapare l'attention, et pas seulement en France, au point de substituer à une histoire complexe l'idée d'un texte unique de référence. Il faut le déplorer, car l'*Encyclopédie*, par son caractère exceptionnel, s'inscrit comme une grande ambiguïté parmi les ouvrages évoqués ici.

En effet, l'entreprise qui s'organise autour de Denis Diderot est non seulement didactique, mais aussi philosophique, scientifique, technologique, politique, économique et financière, enfin formatrice d'un milieu intellectuel beaucoup plus vivace que celui des institutions académiques, celui, précisément, des philosophes « encyclopédistes ». Au centre du vaste remue-méninges du

---

(5) « C'est *par les mots* que Leibniz a inauguré sa recherche, puisqu'il s'est d'abord inspiré de modèles naïfs où, par exemple, on numérotait les mots d'un dictionnaire, ce qui permettait de remplacer un vocable par un nombre. Leibniz en retirera l'idée de symboliser sa langue universelle [...] par des caractères » Y. BELAVAL, Sur la langue universelle de Leibniz, in *Langue et langages, de Leibniz à l'Encyclopédie* (Bibliographie), p. 59.

XVIIIe siècle français, l'*Encyclopédie* est bien autre chose qu'un dictionnaire, et même qu'une encyclopédie. Pourtant c'est bien la synthèse des programmes d'exposition du savoir, des systèmes d'ordonnancement des connaissances proposés depuis Bacon, du savoir philologique interprété critiquement, comme chez Bayle, des intentions pédagogiques, ici largement idéologiques, caractères communs à toute entreprise du genre. L'influence des grands épistémologues y est sensible : Locke et Leibniz, mais aussi Descartes et Malebranche, mais aussi Port-Royal : l'*Encyclopédie* est au centre de la pensée sémiotique du XVIIIe siècle, de la philosophie du signe et de la signification, linguistique comprise (6).

C'est, malgré sa vocation didactique, un ensemble original, souvent polémique, fréquemment scientifique, parfois esthétiquement remarquable (« littéraire »). C'est un texte pluriel, hétérogène, quelquefois contradictoire, un texte de combat, souvent rusé, et où les passages les plus forts sont camouflés, dévoyés par une répartition arbitraire, à peine balisés par des renvois. C'est dans ce sens, comme le dit Voltaire, un « fatras ».

L'histoire de l'entreprise éclaire ces ambiguïtés. Tout commence avec le contrat passé par l'Allemand Sellius et l'Anglais Mills avec le « libraire » (éditeur) Le Breton pour une traduction de la *Cyclopaedia* de Chambers. Le privilège du 26 mars 1745 désigne un « Dictionnaire universel des arts et des sciences traduit de l'Anglois d'Ephraïm Chambers ». Cinq mois plus tard, rupture ; Le Breton y avait intérêt : il se retrouve seul entrepreneur, avec un nouveau privilège, du 21 janvier 1746, concernant une « Encyclopédie, ou Dictionnaire universel, etc., traduit des dictionnaires anglais de Chambers et Harris, avec des additions ». Un premier « traité » est alors signé entre Le Breton et l'abbé Le Gua de Malves, mathématicien et économiste de renom, mais piètre organisateur, semble-t-il (« profond géomètre, selon Diderot, il n'a pas le sens commun dans la rue »). Ce traité, rapidement rompu — on admire le talent de

(6) Voir notamment S. AUROUX, *La sémiotique de l'encyclopédie* (Bibliographie).

A. REY

Le Breton pour se débarrasser des collaborateurs gênants —
est suivi, le 16 octobre 1747, par l'entrée en scène d'un mathématicien plus jeune (d'Alembert a 28 ans) et d'un homme de
lettres peu connu, auteur de traductions, notamment pour le
grand *Dictionnaire de médecine* de James, bonne opération
récente de Le Breton. Cet utile traducteur s'appelle Denis
Diderot.

Le privilège du 30 avril 1748 (le bon) amplifie le projet ;
le dictionnaire sera « traduit de Chambers, d'Harris, de
Dyche (7) et d'autres, avec des augmentations ». D'Alembert
s'occupera des mathématiques et de la physique, Diderot
coordonnera l'ensemble. En 1748-1750, les éditeurs associés
(Le Breton, Briasson, Durant et David) investissent leur
argent. Diderot et d'Alembert rassemblent les traductions, les
révisent, accumulent de la documentation. Ils achètent des
gravures, utilisant les travaux de Réaumur pour l'Académie
des sciences et menant des enquêtes techniques sur le terrain.
Cependant, en juillet 1749, Diderot est emprisonné pour sa
Lettre sur les aveugles. Grâce à l'action intéressée des éditeurs,
à la contrition du coupable, à la sympathie du chancelier
d'Aguesseau et de d'Argenson, il est rapidement libéré. En 1750
et 1751, les responsables du projet en organisent les lignes de
force et s'engagent sur la voie d'un ouvrage nouveau, où les
sources anglaises auront de moins en moins d'importance. Le
« prospectus » paraît en novembre 1750 : c'est à la fois un écrit
théorique et de méthode et une arme publicitaire, aux fins
d'un *mailing* de 8 000 exemplaires, important pour l'époque.

Dès lors, l'attention est attirée et la polémique se déclenche.
En 1752, deux volumes ont paru, 1 400 souscripteurs se sont
engagés à payer le prix très élevé de 280 livres ; tout irait pour
le mieux sans la guerre idéologique.

C'est d'abord l'affaire de Prades. Cet abbé encyclopédiste
avait soutenu sans encombre, personne ne l'ayant lue, sa thèse
de théologie (nov. 1751) ; dénoncé par les ennemis des philosophes, il est accusé de sensualisme et de théisme : grand remue-
ménage à la Sorbonne. De Prades est censuré ; les jésuites et les
jansénistes, pour une fois d'accord, accréditent la thèse d'un
complot anti-théologique mené par les abbés collaborateurs
de Diderot (Mallet, Yvon et de Prades). Ils ont gain de cause
et, en février 1752, le Conseil d'Etat « supprime » les deux
volumes parus et ordonne la saisie du manuscrit. Mais Le

_____

(7) Bref recueil terminologique, apparenté à celui de Harris, et
trop pauvre pour avoir beaucoup servi à nos encyclopédistes.

Breton et Diderot, prévenus à temps (sans doute par Chrétien de Malesherbes, fils de Lamoignon et directeur de publications de Louis XV) évitent le désastre. De Prades et Yvon s'exilent, d'Alembert, inquiet, songe à abandonner l'affaire, au demeurant prospère : plus de 2 000 souscripteurs, des bénéfices, puisque les libraires augmentent le tirage du tome III. *L'Encyclopédie* avait acquis de nombreux et puissants appuis, politiques (dont Mme de Pompadour) et littéraires (Voltaire, Montesquieu) ; elle avait obtenu le statut officieux d'entreprise nationale, importante pour le prestige français.

C'est pourquoi, malgré la condamnation officielle, elle put continuer, moyennant la censure de trois théologiens, concession de Malesherbes aux jésuites. En 1754, les libraires ont fait 270 000 francs de bénéfices et le sort de Diderot, scandaleusement exploité, est légèrement amélioré.

Malgré les attaques, les volumes se suivent ; le septième (fin du G) paraît en 1757, les 4 200 exemplaires étant presque entièrement souscrits. Voltaire a reçu d'Alembert aux Délices, avec éclat. Toute l'Europe salue ce triomphe des Lumières et l'avenir semble assuré.

Mais une crise sérieuse ébranle le projet, aboutissant en 1759 à une nouvelle « suppression », résultat des attaques du clergé catholique contre l'article « Genève » de d'Alembert, des violentes diatribes de Fréron, de Saint-Cyr *(Mémoires sur les Cacouacs)*, de Palissot *(Petites Lettres sur de grands philosophes)*, du franciscain Hayer, du jésuite Chapelain, le tout sur fond de légère hystérie après l'attentat de Damien contre le roi, et de répression idéologique après la condamnation d'Helvétius pour *De l'esprit*. Les philosophes eux-mêmes s'opposent : Rousseau s'en prend à Diderot à propos de théâtre, d'Alembert, inquiet, veut encore partir, Voltaire fait pression sur Diderot pour qu'il abandonne l'*Encyclopédie*. Mais la condamnation de mars 1759 permet aux encyclopédistes d'échapper aux poursuites, puisque le livre est « supprimé » et de jouer sur une permission tacite ; le pouvoir veut surtout éviter que l'entreprise ne se poursuive à l'étranger, comme il en est fortement question. Les « libraires », laissant passer l'orage, et pour éponger le dédit qu'ils doivent aux souscripteurs lésés, décident de publier immédiatement les volumes de planches, pour lesquels un privilège spécial est obtenu. Là encore, une difficulté surgit. Poussé par Fréron, un graveur qui travaillait pour l'*Encyclopédie* expose dans *L'Année littéraire* comment Diderot a pillé, tant pour les illustrations que pour les descriptions, le matériel réuni par Réaumur à l'Académie des Sciences. L'Académie enquête par deux fois, gênée, et conclut qu'il n'y a pas de plagiat. Fréron multiplie les comparaisons, en vérité compromettantes, Grimm réfute. L'originalité des planches de Diderot paraît suffisante à la plupart des observateurs (ce qui est le sentiment des critiques actuels).

Pendant ce temps, l'équipe, qui a perdu d'Alembert, Turgot, Morellet, Voltaire, poursuit la rédaction. Diderot est secondé par l'infatigable chevalier de Jaucourt, véritable factotum de l'affaire. Cependant, Palissot donne sa comédie des *Philosophes*, habile satire qui divise l'opinion ; Morellet, auteur anonyme d'un pamphlet dirigé contre Palissot, compromet en fait Diderot et Grimm ; découvert, il est embastillé. Mais le temps semble jouer pour les encyclopédistes ; en 1763, Malesherbes, à qui Diderot doit tant, se retire ; heureusement, il est remplacé par Sartine, qui partage ses idées.

En 1764, autre drame, interne celui-là. Diderot s'aperçoit que Le Breton, à son insu et depuis longtemps, l'a corrigé. Dans les volumes 8 à 14, une autocensure éditoriale s'est substituée au contrôle royal. La crise reste secrète. Diderot, Grimm, le colérique Voltaire lui-même se retiennent d'éclater d'indignation. En août 1765, Diderot fait le point dans sa préface au tome VIII. Les 10 derniers volumes de texte sont prêts ; annoncés dès janvier 1766, ils ne peuvent être diffusés que très discrètement. Par mesure d'intimidation, Le Breton est aimablement convié à passer dix jours à la Bastille. Voltaire presse Diderot de s'expatrier, croyant à de nouvelles persécutions ; mais Diderot tient bon. Un dernier procès intenté par un souscripteur mécontent révèle les profits énormes de l'entreprise, mais tourne court (1769). Quand le dernier volume de planches est publié en 1772, l'*Encyclopédie* a triomphé des ennemis et des embûches.

L'ouvrage, également vilipendé et louangé, remporte un succès considérable. Il est l'objet de convoitises d'éditeurs, d'abord de celles de Charles Panckoucke, désireux de publier une nouvelle édition dès 1761, et à qui Diderot refuse sa collaboration. Panckoucke est obstiné et efficace : il réimprime en 1770 3 volumes, qui sont saisis ; mais cinq ans plus tard, c'est lui qui publie le supplément en 4 volumes, puis un de planches et deux d'index (1780). L'ensemble constitue la première édition complète de l'œuvre. Le supplément, qui porte des signatures brillantes (Condorcet, Adamson, Bernouilli, Guyton de Morveau...) et la table analytique du pasteur bâlois Mouchon enrichissent notablement l'ouvrage.

Le succès auprès du public se confirme. Une édition suisse amendée et augmentée par l'Italien de Felice (dite d'Yverdon (8)), des éditions moins coûteuses, in-quarto (imprimées par Pellet), in-octavo (Lausanne et Berne, 1778) augmentent la diffusion. En Italie, une édition en 28 volumes, par Ottavio Diodati, comporte des notes critiques en matière religieuse (par Giovanni Mansi), ce qui ne l'empêche pas d'être condamnée. Une autre édition voit le jour à Livourne (1769-1779). De nombreux articles sont reproduits et traduits en Russie, où un projet d'édition, soutenu par Catherine II, échoue. Mal accueillie en Europe centrale, l'*Encyclopédie* plut à certains Anglais. Une contrefaçon et une traduction commencent même à paraître en 1752, mais doivent s'interrompre.

Cependant, l'œuvre la plus notoire issue de l'*Encyclopédie* est encore due à Panckoucke. Ce dernier, avec des collaborateurs de la première édition et de nouveaux auteurs de grand renom (tels l'astronome Lalande, le médecin Vicq-d'Azyr, Daubenton, Duhamel du Monceau), décide de reprendre la totalité des articles, de les moderniser et de les distribuer en volumes thématiques. L'*Encyclopédie méthodique*, à partir de 1788, se développe en ouvrages distincts (il y en aura 51). Ainsi, la description des techniques intègre les *Descriptions* de l'Académie des Sciences, parues après le travail de Diderot, ainsi que des ouvrages récents ; la chimie, révolutionnée par Lavoisier et Guyton de Morveau, est entièrement refondue (*Chimie et métallurgie*, 6 vol., 1786-1815). Le 166e et dernier volume ne parut qu'en 1832. Il s'agissait en fait d'une vaste collection de dictionnaires et de traités, sans grande cohérence. L'*Encyclopédie méthodique* marquait les limites extrêmes de l'esprit encyclopédique du XVIIIe siècle : les contraintes de l'édition et les nécessités d'un didactisme socialement transformé allaient favoriser d'autres types de projets.

Il est à la fois indispensable et un peu ridicule de vouloir évaluer l'*Encyclopédie*, tant ce texte célèbre est complexe, pluriel, inégal (9). En outre, les influences

(8) Cette encyclopédie suisse, après avoir été vilipendée par le vigilant Voltaire — qui détestait de Felice, « ce fripon qui a été prêtre autrefois et qui en était digne » —, fut finalement appréciée. Si elle déformait la pensée des encyclopédistes les plus avancés — notamment celle de Diderot, par ses amendements théistes et chrétiens —, elle n'était pas sans qualités scientifiques, grâce à la collaboration de plusieurs savants suisses (comme Haller ou Euler).

(9) Voltaire, en particulier, porte des jugements sévères sur certains textes ; dans une lettre à Panckoucke (février 1769), il est question de « déclamation insupportable », de « puérilités ». Diderot, y compris dans l'ouvrage (art. « Encyclopédie »), n'est pas plus tendre pour certains collaborateurs.

y sont multiples, les réemplois difficiles à repérer. Les attributions d'articles, souvent difficiles (10), sont essentielles : on ne peut lire un texte de Rousseau (lequel signe ses articles) comme ceux de d'Alembert (signés O), de Diderot, ou comme ceux de l'indispensable et habile polygraphe de Jaucourt (DJ) ; parfois la même entrée donne lieu à des textes divergents, contradictoires. Les renvois révèlent des passages importants sous des entrées inattendues, apparemment insignifiantes, mais ne suffisent pas à rétablir des structures satisfaisantes pour la lecture.

La valeur d'ensemble du traitement de chaque domaine est variable. Si, selon Diderot, les mathématiques de d'Alembert ne pouvaient être meilleures (mais, pour les historiens actuels, elles ne sont pas à la pointe du savoir contemporain, ignorant par exemple, Lagrange ou Euler), sa physique est « un peu maigre », et La Chapelle, à qui d'Alembert avait confié la géométrie élémentaire et l'arithmétique, « s'en [était] débarrassé un peu lestement ». Pour les mathématiques et la mécanique, la contribution de d'Alembert est en effet de premier ordre, sur le plan épistémologique notamment. L'histoire naturelle n'est pas d'une si haute tenue (Malouin, Venel). Mais Diderot, qui traite des *animaux*, en profite pour commenter avec bonheur les règles de la méthode scientifique. La médecine, l'anatomie, la physiologie ont été durement critiquées par d'Alembert ; pourtant Tarin, le chirurgien Louis, sans parler de l'article essentiel de Tronchin sur l'*inoculation*, semblent avoir problématisé avec force les mutations scientifiques récentes.

Pour Diderot, la partie la plus importante et la plus

---

(10) Elles ont fait l'objet de nombreuses et minutieuses recherches, d'où il ressort que la contribution de Diderot (signalée par l'astérisque ou par l'anonymat complet) est un peu moins importante que cette règle ne l'impliquait.

forte de l'ouvrage était sans aucun doute la « description des arts », la technologie. Ce domaine est en fait l'acte de naissance de la terminologie moderne, et, si le technologue historien peut y déceler des insuffisances, les questions de méthode et de « langage » y sont admirablement posées. En outre, le rapport du texte à l'illustration, la fonction descriptive, analytique de cette dernière, sont (pour une description globale) un modèle inégalé.

D'autres domaines, comme la théologie, la philosophie, la logique, sont faibles ou incertains, mais l'histoire, très riche, dépasse heureusement l'événement pour aborder les institutions, et, dans une certaine mesure, l'économie (Turgot, Véron de Forbonnais, Diderot). Une philosophie de l'évolution historique des idées et des mœurs sous-tend d'ailleurs tout l'ouvrage, qui souffre alors d'une grave faiblesse due à l'ignorance, mais aussi à des préjugés propres : l'histoire du monde médiéval est presque totalement niée, au nom des Lumières, comme est insuffisamment ressentie l'ouverture récente aux cultures extra-européennes.

C'est enfin dans le domaine du langage, du rapport entre langue et connaissance, et de la signifiance, que l'*Encyclopédie* présente l'un de ses plus lumineux aspects. La grammaire port-royaliste de Dumarsais (signant F), Douchet et Beauzée (signant ERM : Ecole Royale Militaire), la lexicologie et notamment la synonymie (point essentiel pour Diderot, qui est à la recherche d'une terminologie épurée, sans synonymes), l'étymologie (dans un article admirable, attribué à Turgot) font l'objet de développements d'une qualité exceptionnelle, classant l'ouvrage parmi les sommets de la réflexion sur le signe et le sens (11).

(11) Voir, outre les ouvrages de Proust et de Auroux, *Langue et langages, de Leibniz à l'Encyclopédie*, ouvrage dirigé par M. DUCHET et M. JAILLY (Bibliographie).

Cependant, comme ce fut le cas à la fin du XVIIIe siècle, on peut émettre de sérieuses réserves sur les qualités pédagogiques globales de l'ouvrage. Diderot lui-même, sans parler de ses adversaires, fournissait à la critique assez d'arguments pour que l'on souhaite des amendements. L'ordre alphabétique est en général rendu responsable des lacunes. En fait, ce sont les lacunes, inévitables et ressenties par les auteurs eux-mêmes, qui rendent bien utile cet ordre-désordre. Comme le système astucieux des renvois, le « chaos » alphabétique constituait un masque derrière lequel l'*Encyclopédie* cachait ses grimaces impertinentes, mais aussi ses rides et ses verrues. En organisant l'*Encyclopédie méthodique*, Panckoucke, qui y trouvait son intérêt, dramatisait les imperfections et les lacunes : « Tous les articles sembloient jetés au hasard, tous étoient égarés, déplacés, étrangers les uns aux autres et séparés les uns par les autres ; rien ne se tenoit, c'était l'image du cahos [sic] » (*Prospectus* du 1er mai 1782, cité par P. Gossiaux [Bibliographie]). Il ne faisait que décrire naïvement les défauts de l'alphabétisme, qu'il défendait lui-même dans l'organisation interne des volumes thématiques de « son » encyclopédie.

L'*Encyclopédie* et l'*Encyclopédie méthodique* marquent la fin d'une époque, alors que les débuts de la *Britannica* ou le *Conversations-Lexicon* (12) allemand inaugurent les conceptions plus pragmatiques, moins inspirées, plus « reproductrices », que l'édition moderne continue d'appliquer, à de rares exceptions près.

Les critiques contre l'ordre alphabétique de l'*Encyclopédie* n'empêchent pas cet arrangement aléatoire, mais qui permet de réserver tous les ordres possibles, de l'emporter sur les autres. Ni l'*Encyclopédie métho-*

---

(12) *Conversation* s'écrira *Konversation* à partir du XIXe siècle.

dique, ni, plus tard, les tentatives analogues ne purent répondre au besoin de consultation qui requiert un système de repérage partagé et accepté.

Un Français naturalisé anglais, Denis de Coëtlogon, avait essayé de résoudre le problème dans son *Universal History of Arts and Sciences* (1745, 2 vol.) qui alphabétise non pas des entrées nombreuses, mais des « traités » subdivisant les grands domaines. Ce système ne faisait qu'augmenter l'arbitraire, le nombre d'éléments étant trop peu nombreux pour que l'ensemble soit aisément consultable, mais assez pour rendre difficile de véritables synthèses.

La « Britannica »

La conscience de cette difficulté est au centre du projet de l'*Encyclopaedia britannica*. Fondée par « une société de gentlemen d'Ecosse », ses souscripteurs, éditée et imprimée par Colin Macfarquhar et le graveur Andrew Bell, elle parut en fascicules, puis en 3 volumes in-quarto, de 1768 à 1771. Elle incluait dans le même ordre alphabétique 44 « traités » sur les sciences et les techniques et des articles plus courts sur les noms et les choses. Les textes des traités étaient souvent empruntés à des auteurs déjà publiés, d'autres étaient rédigés pour l'ouvrage. Leur rédacteur, William Smellie (1740-1795), est probablement l'organisateur de l'encyclopédie ; il disait plaisamment qu'il avait fait ce dictionnaire avec une paire de ciseaux. Cette honnêteté est confirmée par la liste des œuvres utilisées, parfois quasi intégralement, dans cette première édition.

Une deuxième, en 10 volumes, vit le jour de 1777 à 1784. Elle allonge les traités et, surtout, inclut l'histoire, tant dans les articles portant sur les noms de lieux que par des biographies, élément ajouté. Smellie étant opposé à ces ajouts biographiques, le responsable devint James Tytler, personnage pittoresque, talentueux et ivrogne, qui donna à l'ouvrage

une dimension nouvelle, sans trahir les vertus écossaises...
L'article « Law », qui reproduisait un traité de John Erskine
consacré au droit écossais, fut étendu à l'Angleterre ; plusieurs
articles qui étaient en forme de manuels pratiques (tels « Gardening », « Jardinage ») devinrent descriptifs ; des sujets nouveaux étaient abordés ; des index apparaissaient pour rendre
consultables les plus longs traités (« Medicine », « Pharmacy »...).

Dans sa 3e édition, la *Britannica* s'affirme déjà comme une
œuvre originale : les références bibliographiques lourdes sont
remplacées par une liste de contributeurs : effort vers l'homogénéité apparente, que poursuit, artificiellement ou non, toute
œuvre collective. L'encyclopédie passe alors (1788-1797) à
18 volumes, avec 542 planches (il y en avait 160 dans la
première édition). Macfarquhar étant mort en 1793, George
Gleig (1753-1840) lui succède. Ce pasteur épiscopalien, dans
la préface au Supplément qu'il édite en 1801, dénonce « les
semences d'anarchie et d'athéisme » jetés par l'*Encyclopédie*
des Français et s'honore de combattre les influences de cette
œuvre « pestilentielle » *(pestiferous work)*. Idéologiquement
conservateur, l'ouvrage se veut moderne : il s'est enrichi de
sujets contemporains, le galvanisme, la philosophie critique
(Kant), la Révolution française (on se doute dans quels termes),
la guerre d'Indépendance américaine. Les principaux responsables du recueil sont alors Gleig, Tytler, John Robison,
professeur de philosophie, et divers intellectuels écossais. Vendue à plus de 10 000 exemplaires, cette édition fut piratée
en Irlande et aux Etats-Unis, à Philadelphie.

De 1801 à 1809, la machine éditoriale étant lancée, les
20 volumes d'une 4e édition sont dirigés par James Millar
(1762-1827), médecin et naturaliste édimbourgeois. Il se consacre à amender les défaillances de la précédente édition, et
pourvoit à des mises à jour ; même politique pour les 5e
et 6e éditions.

Mais un nouveau propriétaire, Archibald Constable, rachète
les droits aux héritiers de Bell ; il recrute un homme cultivé
et énergique, Macvey Napier (1776-1847) qui, dans un important supplément (1815-1824), va donner à la *Britannica* tout
son prestige.

Outre trois exposés sur l'histoire des connaissances depuis
la Renaissance, par le philosophe écossais Dugald Steward,
ce supplément, où l'on sent le désir d'une synthèse active, à
la d'Alembert, contenait de nombreux articles signés de noms
illustres, britanniques et français : James Mill, Walter Scott
(« Chivalry », « Drama », « Romance »), Roget, le lexicographe
du *Thesaurus*, William Hazlitt, Ricardo, Malthus (« Popula-

tion »), Arago (« Refraction »), Biot (« Electricity », « Galvanism ») étaient mis à contribution. Comme d'Alembert ou Lalande dans l'*Encyclopédie méthodique*, ces littéraires, ces philosophes, ces savants devaient didactiser leurs propres théories et travaux, voués malgré leur éminente qualité à un remplacement prochain, l'encyclopédie devenant un organisme vivant et donc précaire. Cette politique prestigieuse conduisait la *Britannica* à périr ou à se renouveler de plus en plus vite. C'est à partir de sa 7e édition (1830-1842) qu'elle conquiert sa réputation internationale. Parmi les autres entreprises qui peuvent lui être comparées quant à la vitalité, celles des Allemands Brockhaus et Meyer sont les plus notables.

IV. — Communication sociale et savoir : le dix-neuvième siècle

Alors que la *Britannica* était issue d'une description didactique de bon ton, assez incomplète, très régionale, la série des Brockhaus provient en droite ligne des petits lexiques maniables inaugurés par Hübner au début du xviiie siècle. C'est en 1808 que l'éditeur Friedrich Arnold Brockhaus (1772-1823) achète les droits d'une encyclopédie « pour les dames » publiée à partir de 1796 par G. R. Löbel et continuée après sa mort, en 1799. Ce *Frauenzimmer Lexicon* au titre inattendu était un véritable ouvrage de référence conçu pour un public défini dans l'esprit du xviiie siècle. L'intention didactique y est évidente : remplacer, à l'intention des femmes du monde et de la bourgeoisie, les carences de l'éducation institutionnelle. Les informations, réparties en articles brefs, y sont exposées dans un style simple ; mais les articles renvoient à des sources plus complètes. En outre, les contemporains y sont moins négligés que dans la plupart des ouvrages du temps.

Le succès incite Brockhaus à publier une deuxième édition augmentée, à partir de 1812. A sa mort (1823), les fils de l'éditeur, Friedrich (1800-1865) et Heinrich (1804-1874), lui succèdent. La dynastie fait paraître une troisième puis une quatrième édition, revenant alors, par un titre plus général et plus ambitieux, à un public plus général : le *Conversations-Lexicon* est une *Allgemeine Deutsche Realencyclopädie für die gebilteden Stände* (« pour les classes cultivées »).

C'est alors sur l'Europe une marée de « lexiques de conversation », d'abord dans les pays de langue germanique : Danemark, Norvège *(Nordisk Conversations-Lexicon)*, Hollande *(Algemeene Nederlansche Encyclopedie)*... En Italie, en France, en Espagne, en Hongrie, aux Etats-Unis, en Russie, les adaptations d'éditions successives des Brockhaus ont fourni des références pendant plus d'un siècle.

La diffusion exceptionnelle de cette série d'ouvrages est sans aucun doute liée à la facilité de consultation, à l'extrême morcellement alphabétique, à l'impression d'homogénéité donnée par la brièveté des articles et par l'anonymat. Pour le lecteur un peu naïf, l'ouvrage devient cet outil de référence neutre, objectif, précis, qui convient aux fantasmes simplificateurs.

L'Allemagne du XIXe siècle, terre de sérieux scientifique, patrie de la philologie, ne renonçait pas pour autant au discours encyclopédique en profondeur, et en extension. Encore qu'elle ne parvînt jamais à boucler le cycle du savoir, l'*Allgemeine Enzyklopädie der Wissenschaften und Kunste* de Ersch et Gruber remplit sans faiblir 167 volumes de 1818 à 1879. Elle allait, avec quelques lacunes, jusqu'à PHY — privant à tout jamais ses lecteurs de la connaissance des réalités désignées par les mots allemands commençant par les lettres ultimes de l'alphabet. L'absurdité alphabétique, ainsi révélée par accident, était soulignée par l'immensité de certains développements. Ainsi, l'article « Grieschenland », faisant l'objet de presque 7 volumes, aurait mieux trouvé sa place éditoriale dans une publication séparée. Reste que le *Ersch et Gruber* constitue un des sommets du didactisme du XIXe siècle, par ses synthèses de première main, signés de spécialistes renommés.

Plus consultables, les autres grandes encyclopédies allemandes du temps, surtout le *Meyers Grosse Konver-*

sations-Lexicon en 46 volumes (1840-1852), plus tard réduit, et le *Herders* en 5 volumes, d'inspiration catholique, se posent en concurrents des Brockhaus.

Dans les pays de langue anglaise, la floraison encyclopédique du XIXe siècle est loin de se borner à la *Britannica*. De nombreux titres peuvent être cités, dont l'*Encyclopaedia Londinensis* de Wilkes (24 vol., 1810-1829) et la *Cyclopaedia* de Rees (45 vol., 1819-1820) basée sur Chambers. Ces ouvrages sont tous alphabétiques. Il en va de même de l'*Encyclopaedia americana* (13 vol., 1829-1833) dirigée par Francis Lieber, et qui adapte la 7e édition de Brockhaus. Elle eut du succès, plusieurs éditions, et s'émancipa au début du XXe siècle de sa source allemande en gardant son titre national. Une autre encyclopédie en anglais, publiée par les éditeurs Robert et Williams Chambers (sans rapports avec l'encyclopédiste du XVIIIe siècle) utilise la traduction de la 10e édition de l'inévitable Brockhaus. Cette *Chamber's Encyclopaedia* en 10 volumes (1859-1868) fut suivie par une *International Encyclopaedia* qui en dérive.

Les Britanniques n'abandonnaient pas la formule de l'encyclopédie méthodique : un ouvrage important en témoigne. L'*Encyclopaedia Metropolitana* avait été entreprise selon une intéressante classification des connaissance due à un poète et philosophe célèbre, Samuel Taylor Coleridge. L'œuvre subit diverses difficultés, et l'arrangement prévu par son inspirateur fut malheureusement déformé. Elle reste notable dans son organisation : les 25 volumes, publiés de 1817 à 1845, sont organisés en 2 volumes de sciences pures (28 traités), 6 volumes de sciences appliquées (42 traités), 5 volumes d'histoires et de géographie, et 2 dictionnaires, l'un de langue, l'autre, reflétant les angoisses de la taxinomie, couvrant les sciences naturelles ; 3 volumes de planches s'y ajoutent. Une seconde édition en 40 volumes parut de 1848 à 1858.

La *British Encyclopaedia* de C. F. Partington (10 vol., 1835-1838) est en fait formée de plusieurs encyclopédies alphabétiques. Autre encyclopédie tronçonnée, la *Penny Cyclopaedia* (« encyclopédie à un sou ») (1833-1846) constitue une tentative de didactisme populaire ; elle fut reprise par Charles Knight dans l'*English Cyclopaedia*, publiée de 1854 à 1862.

Dans le même temps, la *Britannica* continue de prospérer. Achetée par Adam Black d'Edimbourg, la firme publie une 7e édition où Napier continue sa politique éditoriale : vastes discours liminaires, mises à jour, commandes d'articles à des

contributeurs connus (de Quincey rédige plusieurs biographies).
Les 21 volumes paraissent de 1830 à 1842. Même politique
pour la 8e édition, dirigée par T. S. Traill (1852-1860). Pour
la 9e, Baynes, spécialiste de Shakespeare, et William Robertson
Smith, critique biblique renommé, réorganisent l'exposé des
sciences et multiplient les collaborations de spécialistes, souvent célèbres. Evolution inévitable vers de grandes équipes,
devant le développement galopant des connaissances : près
de 1 100 collaborateurs, la plupart britanniques (mais 70 Américains). C'est en 1901 que le capital de l'entreprise passe aux
Etats-Unis. Les nouveaux éditeurs, Horace Hooper et Walter
Jackson, mettent rapidement au point un vaste supplément
portant la collection à 33 volumes, y ajoutent un atlas et un
index général. Mais il faudra attendre la 11e édition pour des
remaniements en profondeur.

En ce qui concerne les encyclopédies générales, les autres
pays d'Europe sont moins actifs, au XIXe siècle, que l'Allemagne
et les pays anglo-saxons. Les Italiens se contentent d'ouvrages
très influencés par Brockhaus (*Enciclopedia*, puis *Nuova Enciclopedia italiana* en 14 vol., 1841-1851, puis en 25 vol., 1875 ;
Enciclopedia moderna, à peu près contemporaine de son
homographe espagnole en 37 vol., 1851-1853).
En Russie, un dictionnaire encyclopédique « de référence »
inspiré lui aussi de la formule des Brockhaus, est publié de
1847 à 1855 par A. Starchevsky. Plus originale, l'encyclopédie
de Gresh *(Entsiklopedechski Leksikon)* reste inachevée (17 vol.
ont cependant paru). Commencé en 1895, le grand dictionnaire
encyclopédique de l'Institut Granat (41 vol. et 2 suppl.)
fit l'objet d'une seconde édition sous le régime bolchevique
(voir plus loin).
Le mouvement des indépendances culturelles au XIXe siècle,
malgré les répressions politiques, se reflète aussi dans l'apparition d'encyclopédies, notamment polonaise (*Encyclopedia
Powszechna*, publiée par Orgelbrand, de 1858 à 1868) et
hongroise (*Egyetemes* [universelle] *magyar Encyclopaedia*,
1861-1876).

Au début du siècle, la France achevait encore l'énorme
Encyclopédie méthodique de Panckoucke. Parallèlement,
les petits volumes in-32 de l'*Encyclopédie portative*
constituent à partir de 1819 une collection par domaine, dont les textes sont parfois alphabétisés sous
forme de vocabulaires. Plus ou moins inspiré par

Brockhaus, le *Dictionnaire de la conversation et de la lecture* remplit 68 volumes passablement hétéroclites (1833-1851) ; des éditions plus réduites lui succèdent. Les publics sont spécifiés : la bourgeoisie se désigne complaisamment dans l'*Encyclopédie des gens du monde* (22 vol., 1833-1845).

Plus significatives, les descriptions systématiques incluant techniques et activités économiques continuent l'esprit du XVIIIe. C'est le cas de l'*Encyclopédie moderne, dictionnaire abrégé des lettres, des arts, de l'industrie et du commerce* en 26 volumes (1823-1832), réédité et supplémenté de 1846 à 1862. Mais le tableau serait très incomplet si l'on ne mentionnait l'existence d'innombrables ouvrages spécialisés.

Cependant, l'apport de la France au genre encyclopédique, en ce XIXe siècle si peu stupide, concerne le dictionnaire dit, précisément, encyclopédique.

Le dictionnaire encyclopédique et Pierre Larousse

Une tendance bien différente dans l'organisation du didactisme encyclopédique et dans la tenue de son discours est produite par la rencontre de la tradition du dictionnaire et la vogue des encyclopédies portatives inaugurée en Allemagne. En France, avant le renouveau du dictionnaire de langue par Littré, une série d'ouvrages de dimensions moyennes juxtaposent la description des « mots et des choses » : Lachâtre, Bescherelle, Poitevin ont des visées pédagogiques et démocratiques qui les incitent à mêler l'encyclopédie à la description de la langue française.

C'est le pédagogue Pierre Larousse (1817-1875) qui, en 15 énormes volumes à la fine typographie, parus de 1866 à 1876 (plus deux suppléments), met au point le dictionnaire encyclopédique de vulgarisation. Le *Grand Dictionnaire universel du XIXe siècle* est doublement remarquable : par les solutions qu'il adopte et par son effet social, continué et fortement accru par la réussite de la maison d'édition fondée par Larousse.

Ce dernier fait littéralement éclater le projet encyclopédique ; non seulement son ouvrage, alphabétique, est subdivisé en un très grand nombre d'entrées, mais ces entrées veulent refléter la totalité des vocabulaires courants, scientifiques et techniques. Les mots du lexique servent d'accès aux informations, qui concernent aussi la langue. Attestations littéraires rares, archaïsmes et curiosités multiplient les occasions d'articles, et les titres d'œuvres viennent s'ajouter aux noms propres de personnes et de lieux. Dictionnaire de la langue française extensif, sinon toujours suffisant dans le traitement linguistique, le *Pierre Larousse* est donc aussi un recueil de biographies, d'œuvres, de descriptions géographiques, de bibliographies. Il constitue un corpus de références exceptionnel sur l'histoire et la littérature européennes (surtout françaises) du XVIIe siècle à 1860. Mais sa caractéristique principale vient de la personnalité exceptionnelle de son auteur, instituteur passionné, écrivain naïf et truculent, homme du terroir bourguignon, démocrate et généreux, bourreau de travail entièrement dévoué à l'éducation de la France future. Son style reflète la vivacité d'un esprit partial, humaniste avec fureur, érudit minutieux et cependant farceur, autodidacte respectueux des compétences établies, moraliste avec une gaieté gauloise. Compilée par de nombreux collaborateurs — surtout des journalistes, semble-t-il — cette encyclopédie est aberrante par le contenu anecdotique et personnel, qui fait d'ailleurs son charme : le biographe de Pierre Larousse a pu évoquer précisément sa vie, son milieu, ses intérêts, ses positions religieuses et sociales en puisant dans les articles du dictionnaire (12) : le cas doit être unique.

(12) André RÉTIF, *Pierre Larousse et son œuvre*, Larousse, 1975.

Rey (Alain), *Littré, l'humaniste et les mots*, Paris, 1970.
— *Le Lexique, images et modèles : du dictionnaire à la lexicologie*, Paris, 1977.
— *La terminologie, noms et notions*, Paris, 1979 (« Que sais-je ? »).
— et Delesalle (Simone), Problèmes et conflits lexicographiques, *Langue française*, 43, septembre 1979.
Rey-Debove (Josette), Le domaine du dictionnaire, *Langages*, 19 (1970).
— *Etude linguistique et sémiotique des dictionnaires français contemporains*, La Haye, 1971.
— *Le métalangage*, Paris, 1978.
Robichez (Jacques), L'Encyclopédie française, *Encyclopédies et Civilisations*, p. 819-831.
Salsano (A.), Introduzione, *Enciclopedia Einaudi*, t. I, 1977.
Serre (Michel), Auguste Comte autotraduit dans l'Encyclopédie, *Hermès III*, Paris, 1974, p. 159-185.
Soboul (Albert), L'Encyclopédie et le mouvement encyclopédique, *La Pensée*, 39, nov. 1951.
Snyder, S.T. Coleridge's Treatise as Method, Introd. to : *Encyclopaedia Metropolitana*, London, 1934.
Teng-Ssu-Yü and Biggerstaff (Knight), *An annotated Bibliography of Selected Chinese Reference Works*, Cambridge, Mass., 1950.
Terminologies 76, Actes du Colloque international de Terminologie, Paris. 1977.
Thomas (Jean), Un moment du développement culturel de l'humanité : l'Encyclopédie, *Encyclopédies et Civilisations*, p. 695-711.
Trénard (Louis), Le rayonnement de l'Encyclopédie, *Encyclopédies et Civilisations*, p. 712-747.
Tucoo-Chala (S.), *Ch.-J. Panckoucke et la librairie française*, Pau-Paris, 1977.
Venturi (Franco), *Le origine dell'Enciclopedia*, Roma-Firenze-Milano, 1946.
Wagner (Robert-Léon), *Les vocabulaires français*, t. 1, Paris, 1967 ; t. 2, Paris, 1970.
Zgusta (Ladislav), *Manual in Lexicography*, The Hague, 1971.

TABLE DES MATIÈRES

Imprimé en France
Imprimerie des Presses Universitaires de France
73, avenue Ronsard, 41100 Vendôme
Mars 1982 — N° 28 063